CREATIVE MANAGEMENT REVIEW

创意管理评论

（第9卷）

Volume 9

主编　杨永忠　孙洪义　韩春佳

经济管理出版社
ECONOMY & MANAGEMENT PUBLISHING HOUSE

图书在版编目（CIP）数据

创意管理评论．第9卷/杨永忠，孙洪义，韩春佳主编．—北京：经济管理出版社，2024.1

ISBN 978-7-5096-9601-9

Ⅰ.①创… Ⅱ.①杨… ②孙… ③韩… Ⅲ.①管理学—研究 Ⅳ.①C93

中国国家版本馆CIP数据核字(2024)第037812号

组稿编辑：郭丽娟
责任编辑：郭丽娟　王玉林
责任印制：许　艳
责任校对：王淑卿

出版发行：经济管理出版社
（北京市海淀区北蜂窝8号中雅大厦A座11层　100038）
网　　址：www.E-mp.com.cn
电　　话：（010）51915602
印　　刷：北京晨旭印刷厂
经　　销：新华书店
开　　本：720mm×1000mm/16
印　　张：13
字　　数：226千字
版　　次：2024年3月第1版　　2024年3月第1次印刷
书　　号：ISBN 978-7-5096-9601-9
定　　价：88.00元

编委会名单

征稿启事

Call for Papers

创意管理学是从微观管理角度系统研究创意管理活动的基本规律和一般方法的一门科学。它是一门正在迅速成长、充满勃勃生机的工商管理新兴学科，以管理学研究方法为基础，涵盖艺术学、社会学、经济学、制造科学、计算机科学等相关交叉学科。这一科学领域，存在许多未开发的处女地，蕴藏着丰富的创意宝藏。

作为推动创意管理学形成和发展的专业性学术刊物，《创意管理评论》集刊由四川大学创意管理研究所主办，由国内外相关领域知名学者担纲顾问和联合主编。《创意管理评论》将本着兼容并蓄的开放性学术理念，坚持研产结合的办刊方针，实行国内外同行评议制度，为创意管理学的发展提供一个专业、规范和雅俗共赏的思想分享平台。

《创意管理评论》主要刊登从企业管理视角、应用管理学研究方法探讨创意管理的高水平学术论文和探索性实践文章，热忱欢迎相关领域的国内外专家学者赐稿，分享您对创意管理的专业观察和深刻洞见，我们真诚地期待着。

投稿邮箱：cyglpl@163. com

联系电话：028-85416603

地　　址：四川省成都市一环路南一段24号四川大学商学院613《创意管理评论》编辑部

邮　　编：610064

《创意管理评论》编辑部

主编寄语

随着人工智能的发展，特别是生成式人工智能（AIGC）的出现，创意这一过去由人类主宰的内容创造领域，已经可以由智能机器人参与。创意已经可以基于算法、大数据、大模型而生成原创性的文本、图片、声音、视频、代码，创意的科学性正在日益显著。

创意科学应运而生。

创意科学是关于创意发生、发展规律的一门科学。创意科学的英文表述可以是“IDEA SCIENCE”或者“CREATIVE SCIENCE”或者其他表述方式。

创意科学的基本主张包括：

创意是艺术，也是科学；

创意的科学性正在日益显著；

创意是有价值的科学活动；

创意是一门科学。

基于中国式现代化发展背景，在“中华文明具有突出的创新性，从根本上决定了中华民族守正不守旧、尊古不复古的进取精神，决定了中华民族不惧新挑战、勇于接受新事物的无畏品格”

的理念指引下，中国学者应勇于创新，以无畏的勇气拥抱创意科学时代的到来。

目录

CONTENTS

特稿

Feature

就这样我闯进了文化创意产业

◎ 金元浦*

摘要：文化创意产业是以移动互联网、大数据、人工智能、云计算、物联网、区块链、大视频为手段，以文化、艺术、美学、哲学乃至金融、经济、政治、社会和生态为内容的未来社会的主导性力量和革命性变革的跨越边界的大重组、大联合。研究的基本理论路线是“顶天立地”。所谓顶天，就是说文化创意产业必须要有坚实的理论基础，特别是理论创新，有全球和全国的大局观；所谓立地，就是要以强烈的问题意识为导引，实实在在地解决文创发展和演进中的新问题、新困境。

关键词：文化创意产业；研究经历；启示

一个人，总有回首的时候。三四十年持续做一件事，恍惚间，我已年届七旬。命运就是这样，跟我絮絮叨叨地拉着家常，开着玩笑，转眼就将我的青春和故事一起收走了。记得我曾这样写过青藏高原的西部之神：

我以男子日神睿智的思之光/大河惊涛般的狂放/浩荡于天地之间
思缕的长风淋漓于/生之蜿蜒/然后，这一段历史便站起来
昂扬如旗/威猛如山
大气磅礴于永无涯际的/
时空之域……

---

* 金元浦，浙江浦江人，中国人民大学文学院教授、博士生导师，中国人民大学文化创意产业研究所所长，中国国际城市化发展战略研究委员会文化与艺术专委会专家顾问，北京市科技美学学会会长。

我是怀着西部豪迈的诗情踏入学术领域，进而闯进文化创意产业的天地之间的。

一

近30年来，我对文化产业、文化经济、创意产业、创意经济的各个相关领域进行了一些理论总结、规律研判、实地考察、案例研究以及趋势前瞻。而我研究的基本理论路线则是“顶天立地”。所谓顶天，就是说文化创意产业必须要有坚实的理论基础，特别是理论创新，有全球和全国的大局观；所谓立地，就是要以强烈的问题意识为导引，实实在在地解决文创发展和演进中的新问题、新困境。尽管通常看来，文化创意产业是个中观的操作型产业，而忽略了它是在5G新信息革命背景下，以移动互联网、大数据、人工智能、云计算、物联网、区块链、大视频为手段，以文化、艺术、美学、哲学乃至金融、经济、政治、社会和生态为内容的未来社会的主导性力量和革命性变革的跨越边界的大重组、大联合。

在我国文化创意产业的发展中，我一直特别关注文化创意产业的高层次理论突破、创新理念的认知革命、顶层设计的全面擘画、全球和全国文创的大局；同时关注事件哲学指导下的场景研究和案例研究。我主张必须往两个方向发力：一个是更高的理论的、逻辑的和有价值的战略发展；另一个是眼睛向下，面向实际，面向现实中的具体问题，以问题引导产业发展的大局，而不是玩理念的空手道与时间的模仿秀。

在文化创意产业发展中，我特别关注它的两个重要特点：建立在事件哲学基础上的语境化案例与场景化实现。人自身在历史与社会中的存在，即“事件”。事件立足于个人生存（生命、生活、交往、劳作、体验）的现实。人的文化活动构成了他的文化事件。每一个文化现象都是一个事件，每一项研究也是一个事件，这种研究是研究者与事件之间双向交互寻找意义的过程。文化创意产业是高度语境化的，即它一定是在现实社会与市场运营之中的，因此，高头讲章与因循守旧，雷同转发与夸夸其谈，都是要不得的。

场景是文创产品的第一要素。什么是场景？早在20世纪80年代，传播学者梅罗维茨就从社会学家戈夫曼的“拟剧理论”获得研究灵感，提出了“场景”（Situation）概念，以此出发研究“媒介场景”对人的行为及心理的影响。随着移动互联网时代的到来，“场景”被认为是移动媒体时代的又一核心要素。全球科技领域资深记者罗伯特·斯考伯最先提出了有别于传统媒体时代的“场景”（Context）概念，其在《即将到来的场景时代：移动、传感、数据和未来隐私》一书中大胆而犀利地预言：“在未来25年，场景时代即将到来。”书中指出，移动设备、社交媒体、大数据、传感器和定位系统是移动互联网的“场景五力”。他认为，内容场景将是每个个体在新语境下获得的前所未有的在场感。但我更关注芝加哥大学的特里·克拉克教授提出的城市研究的新范式——场景理论（The Theory of Scenes），这些年似乎更有影响。创意的空间环境中还必须有创意氛围（Creative Milieu）。英国创意城市经济的著名专家查尔斯·兰德利解释说：创意氛围是一种空间的概念，指的是建筑群、城市的某处，甚至整座城市或区域。像巴黎，像左岸，也像今日北京，像通州河北岸1292，它涵盖了必要的先决条件，足以激发源源不断的创意与发明的一切“软”“硬”件设施。这类环境是实质的，它源于一个城市“有效地在城市的‘基因码’中深植创意，并获得显而易见的成功”。兰德利的创意氛围是包含软硬基因码和创意的城市场景。

这样看来，国内所谓的“场景”，其实是三个不同英文词汇——Situation、Context、Scenes的同一汉语翻译。显然，其含义是有差别的。我认为的场景，是在当代移动互联网高度发达，视听文化全面建构消费者的消费习惯、消费结构，乃至消费模式的背景下，具有可视、可听、可感的虚拟空间和环境，人人可享有的线上的视像/语像，并将线上的个体与个体、线上与线下的现实平台相互联结为一体的形态。它对于文化创意产业的发展意义重大。在当下这个视听文化发达的移动网络时代，没有场景就没有舞台，没有场景就没有故事（内容）可以表达，园区、景点、旅游线路、抖音、快手、视频、VR/AR/MR、3D影像、AI的展示，无不在场景中运行。当然，更重要的是，没有场景就没有人，没有人也就丧失了其内涵，失去了人之魂。

案例对于文创企业与园区实践，对于文创教学都有着更清晰直观的效果。2013年，我将教学中的文创理论和案例研究编辑成《娱乐时代——当代中国文化百态》一书出版，以满足教学的需要。但案例绝不能代替每一个文创项目创造的独特性。原样照搬，必然会走向失败。

事件、场景和案例，三者构成了文创的充分必要条件。

二

常常有人问我，你是怎么进入文化产业—创意产业领域的？

20 世纪 80 年代，我和许多青年朋友一样，在一个改革开放的大环境中，睁眼看世界。我们面对全世界一百多年来上百种哲学、美学、文艺理论的各种学派、各种观念，急切地选择、引进、翻译、学习，我有幸加入这一澎湃的大潮之中，在 1984 那个“方法论年”的浪涛中，投入德国法兰克福学派和接受美学、接受理论的译介和学习之中。作为批判理论始作俑者的法兰克福学派，对当代中国青年人文学者产生了重要影响。可以说，最初我们都是批判学者。

由于先前研究美学与文艺理论的变革与转型，以及研究后现代文化的发展，我们一批青年学者特别关注全球文化研究的蜂起。世纪之交，全球发生了文化转向的重大变革。我们发现阿多诺、霍克海默等的法兰克福批判理论是站在贵族精英主义的立场上，俯视甚至蔑视大众文化、通俗文化、流行文化，他们虽然多次提到“文化工业”，但却仅仅是从意识形态角度批判，从否定的角度忽略了当代文化经济化、经济文化化、文化经济一体化的具体现实，割断了当前世界文化与经济的密切联系。

文化转向理论的提出首先是从全球实践的角度开始的。随着中国日益开放，打开封闭国门融入世界，我们开始从新的全球视野考虑中国问题。从世界范围来看，21 世纪的文学美学与哲学发生了重大的文化转向。这种变化源于当代社会生活的转型。全球化随着进一步的开放日益进入我们生活的中心。电子媒介的兴起向纸媒的一统天下发出强劲的挑战。媒介文化深刻地改变和影响着我们的生活。大众文化走向前台，城市文化快速传播与蔓延，时尚文化大批量复制，采用了浪潮式的运作方式。视觉图像文化占据人们生活的主要空间，在这样一个文化突变的时代里，视觉文化、网络文化正在逐步改变着世界的交往方式。

在对西方文化转向的考察中，我们着重考察了英国伯明翰文化研究学派和欧美文化研究与文化诗学（文化唯物主义）学派，开始大力推动中国文化研究的发展。20 世纪 90 年代初，我主编了《六洲歌头·当代文化批评丛书》《“人海诗韵”艺术文化散文丛书》。1998 年，我和陶东风、史建一起发起做《文化研究》丛刊，我们敏锐地观察到了一种变革——一位学者在学术文章中提出，法兰克福学派的衰落。这位学者是金迈克，后来与我们成了朋友。他当时对法兰克福的文化工业论很“不感冒”，认为英国伯明翰文化研究已经与精英主义的法兰克福学派分道扬镳了，在英国伯明翰文化研究基础上，已经成长起来了新的产业形态。他批评了法兰克福学派的精英主义和意识形态观念，听到了“法兰克福的哀鸣”。《文化研究》辑刊不断发展，产生了重要影响，至今已经出版到 30 多辑了。

文化创意产业的发展与当代视觉文化的崛起密切相关。我撰写了一系列当代视觉文化/产业的文章，并于 2008 年与曾军先生共同主编了“视觉文化研究丛书”（山东文艺出版社出版）。该丛书共 5 本：《观看的文化分析》（曾军著）、《视觉美学史——从前现代、现代到后现代》（刘悦笛著）、《中国图像叙述传播》（于德山著）、《视觉文化——图像、媒介与想象力》（［加］朗·伯内特著，赵毅等译）、《可见的思想》（章戈浩编）。这套丛书是对文化创意产业得以全面兴起的重要基础——视觉文化的研究，是当时研究界迫切需要的理论支撑。

随着文化研究的深入，单纯的文化研究已经不能适应新的历史时期各国发展的需要。从文化研究走向文化产业，从传统模式走向创意产业，创意经济就成为发展的必然趋势。看到世界和中国的发展需要，1994 年，我进入了具体的文化产业研究中，撰写了《当代文化矛盾与中西交流论纲》，对当代经济的文化化与文化的经济化的新潮流进行了探索。其后，我参加了《中国文化报》举办的国内第一个关于文化产业的征文活动，写了《在悖论中开辟文化产业的发展道路》的文章，获得了这次征文唯一的一等奖。1995 年，我在《社会科学战线》发表了《文化市场与文化产业的当代发展》一文，较为系统地探讨了我国文化市场与文化产业发展的主要矛盾、解决路径和发展方向。这在全球是站在潮头的。1995 年，澳大利亚政府提出了“创意澳大利亚”的理念。1997 年，英国工党政府上台，提出了“创意英国”的理念和国策。美国、欧洲的学者开始了创意经济、文化经济（学）的研究。中国的文化产业便汇入了世界文化创意产业发展的大潮之中。2001 年，我主持出版了我国文化创意与文化发展的第一本蓝皮书、国家哲学社会科学“九五”重点项目结项成果：《跨越世纪的文化变革——中国当代文化发展研究报告》，全面论述了世纪之交我国文化发展与文化产业勃兴的历史性变革，这本书受到中央政治局的关注。这是中国文化产业、创意产业的“历史性出场”。

其实，从文学理论转向文化研究，再从文化研究转到文化产业、创意产业，这既是当代社会历史发展的必然，又是一个当代学者顺应全球和中国发展大势的选择。我曾与英国伯明翰学派的第三代学者哈特里有过深入的对话，他就是典型的从研究文学理论到文化研究再到文化产业（创意产业）的学术代表，我的学术道路与他十分相似，学术理念也与他相似，即听从时代发展的召唤，站在理论与实践的最前沿。

三

文化创意产业的理论探索和概念辨析、文化产业结构的变化、马克思主义文化生产力，是我一直关注的核心。全球创意产业、创意经济的理论成果和实践案例的引进，中国特色文化创意产业理论和实践的创新与发展，文化创意产业的教学与人才培养，文化产业学、创意产业学、文化经济学、创意经济学、文化政策学、文化管理学、艺术管理学等学科体系的发展、改革与构建、课程设置，是我30年来一以贯之的研究重点。

近年来，我进一步关注公园城市、夜间都市、艺术城市等相关论题，并深入到各个城市，从事设计、规划、策划、指导和实操等方面的实践。关注产业基地、创意园区、集聚区、数字化网络线上线下一体化发展平台，注重案例研究、事件发掘与营销、场景设计与核心理念提升。

一方面国内迫切需要了解国际文化产业、创意产业的发展，另一方面更需要对国内文化产业、创意产业进行研究。2003年，我编纂了《文化研究：理论与实践》（河南大学出版社）一书。2005年，我主编了中国第一套文化产业丛书“当代文化产业论丛”（广东人民出版社），该论丛共5本，主要包括《文化产业竞争力》（花建著）、《文化产业发展与国家文化安全》（胡惠林著）、《文化巨无霸——当代美国文化产业研究》（李怀亮等编）等。同年，我与陶东风先生一起主编并出版英文著作《文化研究在中国》（*Cultural Studies in China*, *Marshall Cavendish Academic Singapore*），成为国外了解中国文化研究的开窗之作。

作为国内最早推动和提出创意产业的学者之一，我提出创意产业是文化产业发展到新的更高阶段的产物，具有产业提升的必然性，由此也受到一些人的质疑。我始终坚持认为，这一论断是合乎我国文化产业发展实践的。后来的现实证明，创意产业的理念得到了国内各界的广泛认可。2005 年，我接受北京市委、宣传部的委托，主持《北京市文化创意产业发展研究》，为北京市文化创意产业的发展出谋划策，推动北京市委市政府确立了文化创意产业的发展战略。

我认为，一国文化创意产业的发展程度与该国文化创意的理论建设和理念创新的程度成正比。没有先进的理论，没有富于创新创意的理念支撑，就不可能有一国文化创意产业和创意经济的高度发展。因此，我们必须高度重视文化创意产业的理论创新，并不断保持国际先进水平。唯有如此，才能始终站在世界文创的前沿。为此，2010 年我编写出版了《文化创意产业概论》和《动漫创意产业概论》两部国家规划教材，其中《文化创意产业概论》成为高校迄今广泛使用的教材。为了更好地提高青年研究者的文化使命与文化理解，我撰写了《文化复兴——传统文化的现代价值》一书，讲述了当下青年学生需要了解的中国传统文化的内涵。

文化创意产业中高科技与文化的高度融合和跨界创新是高质量发展的必由之路。这是文化创意产业发展到新阶段的重要主题和发展方向，对此我给予了高度关注与深入研讨，并产生了一系列理论与实践成果。如何将深厚的文化内涵植入创新型国家战略中，我认为文化的科技化、科技的文化化、文化与科技的协同发展，是文化创意创新发展的必由之路。比如，我提出，北京文化创意产业要实行文化与科技双轮驱动的发展战略。

2006 年，我主持了北京市科学技术委员会的软科学研究项目“北京文化创意产业的评估与测度及地区比较”，在国内率先研究文化创意产业的分类、评估、测度和指数，提出了建设更为合理的评估指数体系的许多新的想法。我认为北京的文化产业必须走文化—创意的路径，必须瞄准国际最高发展水平，在高科技数字化基础上实现产业的升级，必须高端起步、数字融合，才能成为北京经济发展的强大引擎。

2011年，作为教育部动漫游戏教材编委会副主任，我接受了动漫文化创意产业教材编写的任务。其后，我主编的我国第一部《动漫创意产业概论》出版。

四

城市发展，确切地说是中国的城市化，是我关注文化创意产业的重要主题。

我曾主持国家哲学社会科学“十一五”重大项目“我国中心城市文化创意产业发展与软实力竞争”，关注和研究世界城市、全球城市、创意城市、网络城市，团队成员全身心致力于该课题的研究，最后以10卷约350万字的系列研究报告圆满结项。我们的研究针对我国文化创意产业发展的现实问题，理论上高瞻远瞩，实践中又从现实中的问题出发，因而能够对现实发挥指导作用。这些研究得到了国家领导人、各级政府、业内专家、研究人员和企业家的赞赏和吸纳。

我和我的团队多年来一直关注北京文化创意产业的发展，尤其对北京建设全国文化中心论题长期执着、热切地关注。自2010年以来，我们一直参加北京相关论题的研究。2010年，我们完成了“北京建设全国文化中心”的重点项目，并出版了“北京建设文化中心改革创新研究丛书”，含《新视野　新征程——北京建设国家文化中心研究总报告》《建造世界精品殿堂——北京建设全国文化精品创作中心研究》《搭建要素配置的最优平台——北京建设文化要素配置中心研究》《跨进全球信息传播时代——北京建设文化信息传播中心研究》《走向世界创意高地——北京建设全国文化创意培育中心》《构筑全球人才高地——北京建设文化人才集聚教育中心》《握手环球文明——北京建设国际文化交流展示中心研究》7本论著。我们团队20年来一直积极参加北京文化发展、人文奥运、文化创意、文化科技、文化消费、公共文化服务等各项研究，可以说，我们团队是北京文化发展的一支攻坚队。

2010年，我主编了第一部北京关于世界城市的大型理论与实践及文献的专著《北京——走向世界城市》，近70万字，为北京建设具有中国特色的世界城市提供了丰富的资料、宽广的国际视野和崭新的思路。后来，上海、深圳、广州、成都先后就这一主题邀请我作这些城市建设世界城市和发展创意经济的顾问。

多年来，我一直关注各个省（自治区、直辖市）文化创意产业的发展。云南是我魂牵梦绕的地方，2003 年，我接受了时任云南省委副书记丹增同志的邀请，担任云南省文化产业的高级顾问，为云南文化产业发展出谋划策。在调研的基础上，我率先提出，云南的文化旅游产业要在文化云南基础上向创意云南、数字云南、内容云南开发。我在丽江提出了关注旅游线路设计、加强云南本土创意、注重厕所建设等意见。我提出，云南，特别是丽江的文化旅游产业是我国文化产业特别是西部文化产业发展的一面高扬的旗帜，值得全国相关地区借鉴。

2010 年，我主持了“贵州省‘十二五’文化产业发展规划”，我带领课题组成员历时三个多月，行走 7000 多千米，跑遍九个地州市。三个多月时间里，我们与有关领导和课题组成员一道，深入基层进行调查研究，广泛收集国内外各种资料、各种理论主张、各国经典案例，进行条分缕析、创新融汇。终于在 2011 年，我们完成规划并出版 48 万字的《贵州文化产业发展战略研究报告》。

2021 年，我的《月印万川——寻找城市文化之魂》一书出版发行。这是我散见的一些论文的结集。佛教华严宗用“月印万川”“海印三昧”“事事无碍”来表达其宗教主体理念，于是“月印万川”就成了华严哲学的经典命题。朱熹借用了佛教“月印万川”的譬喻来讲“理一分殊”的道理。他说：“释氏云：‘一月普现一切水，一切水月一月摄’。这是那释氏也窥见的这些道理。”（《朱子语类》卷十八）把“一理”比作天上的月亮，而把存在于万物之中的“万理”比作一切水中千千万万个月影，以此形象地说明“理”与万物的关系：理是唯一的，这唯一的理又体现在万物之中，是万物的本质；而万物并不是分割“此一个理”，却是分别体现完整的一个理。“月印万川”本是佛教中的命题，“一月普现一切水，一切水月一月摄”，具体说是唯一的月映现在一切水中，一切水中映现的月都包括在唯一真正的月中。那个月就是“一理”。

月映万川，心珠独朗。过去时代，我们很多研究者和官员开口闭口就是过去遗产的“如数家珍”，沉迷于此而不能自拔。但是一个城市无论有多少历史的、现实的圣典史迹，无论有多少自然的、社会的山水资源，总是千流一源、万法归宗、理一分殊、一以贯之。我们需要去寻找城市的文脉，那个城市唯一的“魂”。

五

国际合作是文化创意产业发展的重要内容和必要途径。

这些年来，我们非常重视与国际机构和国际学者的合作。与联合国教科文组织、联合国贸易和发展会议、联合国创意城市网络等国际组织，与英国、美国、法国、德国及欧盟各国，与加拿大、澳大利亚、匈牙利、保加利亚等国，与日本、韩国、东南亚各国的机构与学者进行了广泛的对话与合作。在对话、沟通、交流、交往中，努力构建文化创意产业的理论与实践的公共平台，构建创意经济的发展共同体。交流世界对中国的影响，同时构建具有中国特色的文化创意产业发展体系，影响世界的创意、创新、创造的最新发展。我与各国众多专家建立了良好的关系，留下了几十篇访谈与对话。我乐此不疲，欣然为之，因为我把它看成文明互鉴、构建人类文明共同体的必由之路。

2005 年，中国人民大学与中国社会科学院、澳大利亚昆士兰科技大学同仁一道，共同发起《首届中国创意产业国际高峰论坛》。作为该论坛主席之一，我在该论坛上发表了《中国创意产业的发展》的主旨报告，强调了中国建设一个创新型国家的伟大战略，并将文化创意产业作为这一战略的重要组成部分的新的发展理念，引起了中外学者对中国创意产业的广泛关注。

创意产业与创意经济的兴起，从一开始就是全球化发展的产物。因此，国际文化创意产业与创意经济的发展是我和我的团队一直关注的领域。2008 年，我与周蔚华共同主编国内第一套“文化产业译丛”（中国人民大学出版社），其中包含《文化产业》《知本营销》《美国的知识生产与分配》《艺术文化经济学》《创意经济》等 7 本译著。这对打开我国学者了解文化产业、文化经济、创意产业、创意经济的国际视野，推动国内外比较研究，进而推动中国特色文化创意产业的理念与实践发挥了重要作用。2014 年，我主编了《中国对外文化贸易报告 2014》，对我国对外文化贸易的现状、问题、困境做了深入调研，并提出了进一步发展的解决方式。

将奥林匹克运动与文化创意产业相结合，推动奥林匹克运动全面融入 13 亿人的中国社会和中国市场，是我和我的朋友们在近 8 年的时间里着意开拓的新领域。2006年，我提出、创办并主持了国内第一个奥运文化创意产业大型国际论坛“创造的多样性：奥林匹克精神与东方文化”。在论坛上，我发表了《抓住奥运契机推动文化创意产业九大发展》的报告，论坛首次邀请“英国创意产业之父”约翰·霍金斯莅临做主旨发言。我提出“世界给我十六天，我还世界五千年”，将体育运动与中国的文化、哲学、艺术、传统、创意、设计、会展、节庆、公共服务、园区建设、绿色革命、生态保护、全民健身以及产业运营、经济发展融为一体，为北京市提出奥运文化创意产业作为北京创新型城市发展的引擎的战略规划建议，在跨界运行和边界作业中，创造出崭新的文、创、艺、体、旅一体化的新形态。在8年的时间里，我们曾在国内外举办和参与近百场人文奥运论坛，并赴美国、英国、芬兰、加拿大、韩国、日本及瑞士国际奥委会，传播北京人文奥运和绿色奥运的中国理念和实践，将奥林匹克的精神与中国传统文化联结起来，将奥林匹克的生命哲学、青年倡议变为中国“生活美学”的大众体育与健身的伟大实践，产生了持久而广泛的影响。这一阶段我主持了北京市哲学社会科学规划重点项目“奥林匹克运动与北京文化创意产业”，排除了国内外各种不同意见，根据中国特别是北京发展的现实，第一次将国际奥林匹克精神与中国“和合”文化结合起来；第一次将顾拜旦的奥运理念与孔子儒家文化结合起来；第一次将奥运与文化创意产业结合在一起。为了进一步从理论和实践方面探索21世纪的奥林匹克精神新发展，我主持出版了《创意产业：奥运经济与城市发展》（中国戏剧出版社）和《北京人文奥运研究报告2006》（北京同心出版社）两本书籍，创造性地阐述了奥运、体育运动与文化创意产业的关系。这在当代国际奥林匹克文化中是具有开拓性的。为满足北京奥运文化的实践需要，我主持和参与出版了《奥林匹克文化大学教程》《北京奥运文化市民读本》《北京人文奥运大学生读本》等，在2008年北京奥运会的举办中，这些课本发挥了重要作用。

2016年，我主持翻译了英国学者露丝·陶斯著的《文化经济学教程》和《文化研究的未来》，以及 Cavendish Academic Singapore Marshall 出版的 *Cultural Studies in China*、英国伦敦出版的 *Cultural Rejuvenation*：*The Modern Value of Traditional Culture* 等。这些著作及一些英文论文，对促进中外文化发展和创意产业交流都具有重要的意义。

随着我国文化市场与文化经济的发展，文化创意产业发展中的一系列与伦理相关的问题凸显出来，必须进行深入研究。2014 年，我申请了国家哲学社会科学重大项目“文化产业伦理研究”。在文化产业边界不断拓展、业态不断催生的整体背景下，我国文化产业也面临着产业秩序调整与规范、产业伦理重构与形成等问题。我国文化企业在文化产业运营中出现企业社会责任缺失与“失信”问题，如互联网诈骗、虚假广告宣传、不实承诺、新型电子诈骗、电子商务购物诈骗、公民个人信息大量泄露等；传统媒体与新媒体的媒介伦理问题，如媒介人职业操守、新闻传播道德与窃听手段、网络新媒体中互联网“谣言”传播、网络信息安全、网络“黑客”、青少年网络游戏沉迷与“网瘾”、网络“人肉搜索”与频繁而众多的侵犯隐私权等问题；还有知识产权保护中的盗版问题、过度娱乐化突破道德底线问题、文化产品内容的极端商业化与劣质化“三俗”化问题、产业发展中出现的“涉黄赌毒”问题，以及各路明星偶像的“负能量”对青少年的影响等。这一系列问题被现实抛到我们面前，要求我们认真地回答，并提出改进的建议。2020 年，该课题完成结项。研究成果见于我主编的“中国文化创意产业发展研究丛书”。丛书包含《数字和创意的融汇：文化产业的前沿突进与高质量发展》《拓展业态的边界：文化产业的转型升级与跨界融合》《重建秩序的场景：文化产业发展的伦理建构与隐私保护》三部分，由中国工人出版社出版。

很多年前写过一篇评论诗人昌耀的文章，开首一段是这样写的：

多少年来，人在旅途，匆匆，我常侧目于这座诗魂的雕塑，继而长久地驻足——

……用我多汁的注目礼/向着你深湖似的眼窝

倾泻，

直要漫过/岁月久远之后/斜阳的

美丽……

That's How I Broke into the Cultural and Creative Industry

Yuanpu Jin

Abstract: The cultural and creative industry is a cross-border restructuring and alliance of the dominant forces and revolutionary changes in the future society, with mobile internet, big data, artificial intelligence, cloud computing, Internet of Things, blockchain, and big video as the means, and culture, art, aesthetics, philosophy, and even finance, economy, politics, society, and ecology as the content. The basic principle of research is "standing tall and upright". The so-called "standing tall" means that the cultural and creative industry must have a solid theoretical foundation, especially theoretical innovation, with a global and national perspective; The so-called "upright" refers to the practical solution of new problems and dilemmas in the development and evolution of cultural and creative industries, guided by a strong sense of problem awareness.

Key words: Cultural and creative industries; Research experience; Enlightenment

论中国原始型创意的制度生态建设*

◎ 方竹兰**

摘要： 中国原始型创新的能力弱，根本的原因是原始型创意的能力弱。从目前中国原始型创新的需求来看，原始型创意研究的基本问题是原始型创意的知识资源、原始型创意的流程以及中国原始型创意的制度生态建设。

关键词： 原始型创意；制度生态；建设

在中美科技脱钩和全球产业链重组的复杂背景下，中国产业结构由组装加工型向数字智能型升级，经济增长模式由资源粗放型向知识集约型转型，都取决于中国创新由引进模仿型向原始颠覆型跃进。中国原始型创新的能力弱，根本的原因是原始型创意的能力弱，原始型创意是原始型创新的起点，中国原始型创新的启动取决于原始型创意的涌流。从中国国家现代化的文明进程来看，原始型创意能力，也是中国能否从初级现代化国家向高级现代化国家演进的关键。因此，研究中国的创新与现代化问题，需要重点研究中国原始型创意的生产规律和中国原始型创意生产的制度生态。

原始型创意是能够用无中生有的创意，提出新理论、开发新技术、开拓新行业或生产新产品，满足人类隐秘的潜在需求，启迪引领消费者。相比于农业经济的土地、工业经济的货币，原始型创意已经是当代数字经济可持续发展的核心资

---

* 此文是国际创意管理研究专项“中国原始型创意与原始型创新关系研究”中期研究成果。

** 方竹兰，中国人民大学教授，中国政法大学兼职教授、博士生导师，国际创意管理专委会副主任，中关村天成创新研究中心理事长。

源。[1] 2018年诺贝尔经济学奖获得者保罗·罗默（Paul M. Romer）意识到原始型创意的价值[2]，指出如果我们不是在不断地寻找新思想概念的话，那经济增长确实将受到限制。“创意”的特点是可以无止境地累积，是非稀缺的，因而经济增长并不存在悲观的极限。寻找新思想概念是创新经济生生不息运行的根源[3]。中国目前扭转货币资本和一般劳动力投入的报酬递减趋势，使中国经济重新进入快车道，实现可持续增长的唯一路径，不是资金投入和劳动力投入，而是原创知识即原始型创意的投入。

从目前中国原始型创新的需求来看，原始型创意研究的基本问题是原始型创意的知识资源、原始型创意的流程以及中国原始型创意的制度生态建设。

一、原始型创意的知识资源

经济发展中的知识大致可分成隐默知识和显明知识。隐默知识是不能够用语言和文字系统表达，通过个人的天赋、特长、经验、技能、手艺、兴趣、爱好、激情、灵感、顿悟，发散性表达的知识。隐默知识涉及那些只有个别人才掌握的知识，Polanyi的一个著名谚语这样说道：“我们知道的永远比能说出的多得多。”[4] 我们的学习、生活甚至思考中，最核心的其实都是“隐默知识”：想想自己从日常的怎么骑车、怎样驾驶，到艺术创作领域的“灵光乍现”“神来之笔”，甚至科学、思想领域的“灵光乍现”“顿悟”，这中间的所有知识，又有谁能一一道明？这些知识很难向组织中的其他人传授，从而很难共享。隐默知识可以分为常规型隐默知识和超常型隐默知识：常规型隐默知识是一般人身上具有的特殊的技能、手艺和经验，比如说会修车；超常型隐默知识是指具有经济和社会开创性价值的特殊天赋、灵感、兴趣、爱好和激情，比如说发明家的灵感。随着时间的推移，超常型隐默知识会逐渐变为常规型隐默知识。

显明知识是可以用语言和文字系统表达的知识，分为常规型显明知识和超常型显明知识：常规型显明知识是在前人提出的知识的基础上进一步概述的知识，如自然科学和社会科学的各种教科书；超常型显明知识是在大多数人还普遍处在未知状态下首次提出的知识，比如爱因斯坦的相对论和纳什的博弈论。随着时间的推移，超常型显明知识会逐渐变为常规型显明知识。

原始型创意来源于超常型隐默知识[5]，超常型隐默知识不能用语言文字系统表达，具有个体性、内隐性、模糊性、试错性、叛逆性、自驱性、脆弱性、未来性的特点。如何辨识超常型隐默知识的黑箱呢？依我之见，从原始型创意主体的人格特质和思维模式入手。人格特质是看主体潜在的超常型隐默知识基础，思维模式是看主体潜在的超常型隐默知识的知识内核。[6]

原始型创意主体具有独特的人格特质，与一般人力资本所有者不同，更与一般劳动力不同。原始型创意者有别于其他人力资本的核心人格特质是自主性特征。

具有原始型创意能力的主体基本上都有这样的信念：我的人生我做主，不受他人的指令和外界环境影响。这种自主的性格当然有容易自负放纵的一面，但是一旦有让世界更美好的道德理想，自主性特质就会极其持久地细化为各种原始型创意的微心理：自驱特征——不用扬鞭自奋蹄，用自己的兴趣爱好实现自己的激情梦想成为一生动力；自知特质——原始型创意主体对自己的天赋特长、个性本能比较清晰，知道自己的长短项；自习特征——坚持能力为本的终身学习，追求终身成长；自强特质——自信、坚强、自我疗伤、百折不挠；自责特征——铁肩担道义以天下为己任，利他奉献，为别人带来幸福快乐；自省特征——不断自我反省找出弱点加以改进，实现自我超越。原始型创意主体的自主性格特质实际上包含了高于一般人力资本的品格、志向：高于一般人力资本的德商——自我修养力的志商——高瞻远瞩力；高于一般人力资本的韧商——坚韧不拔力的独商——内省自静力；高于一般人力资本的智商——推理判断力的灵商——顿悟想象力；高于一般人力资本的情商——沟通合作力的心商——激励引导力；高于一般人力资本的意商——持之以恒力的逆商——触底反弹力；高于一般人力资本的技商——技能卓越力的胆商——突破超越力。

在独特人格特质基础上，原始型创意主体的思维方式有显著特征，通过质疑思维、逆向思维、本质思维展开批判性思维，可以孕育原始型创意的方向，有了方向，原始型创意的具体路径就比较容易确定了[7]。

质疑思维是指原始型创意主体对现有理论、技术、习惯的存在合理性进行反思，对在原有事物的条件下的现状和事务，通过“为什么”和“如何变”（可否或假设）的提问进行严密的论证，综合应用多种试错路径改变原有条件，设计未来需求而产生的新事物（新观念、新方案、新产品）的思维。法国哲学家、科学家勒内·笛卡尔用一种现被称为“笛卡尔的怀疑论”的方法解释这种思维方式，即“系统性地怀疑任何能够怀疑的事物，直至他看见所剩下的事物都是不容置疑的纯粹真理”。质疑思维不是全盘否定，而是通过质疑，提出更具科学性、更具未来性的创意。质疑思维主要是对权威的质疑：比如对三极管发明者李·佛瑞斯特博士所说的“不管未来的科学如何进步，人类永远也上不了月球”的质疑，人类不仅上了月球，正在准备上火星了；对第一次世界大战指挥官，法国陆军元帅、军事战略家费迪南德·福煦所说的“飞机是有趣的玩具，但没有军事价值”的质疑，莱特兄弟发明的飞机无疑是兼具民用和军用的双重价值；对迪吉多电脑公司创办人、前任总裁肯尼斯·奥尔森所言“任何人都没有理由买台电脑摆在家里”的质疑，比尔·盖茨创立微软发明的笔记本电脑成为全球家庭的必配。

逆向思维是指当大多数人都朝着一个固定的思维方向思考问题时，原始型创意主体却独自朝相反的方向思索的思维。人们习惯于沿着事物发展的正方向去思考问题并寻求解决办法。其实，世界是发展变化的，以前人们做不成的事，后来条件变化后可能做成。它是对司空见惯的似乎已成定论的事物或观点反过来思考的一种思维方式。敢于“反其道而思之”，让思维向对立面的方向发展，从问题的相反面深入地进行探索，树立新思想，创立新方向。对于现实问题的本质解决之道，尤其需要逆众而不是从众，倒过来思考，寻找出其不意的根本解决之道。Think Different 中的“Different”一词从英语语法上说是错误的，正确的用词应该是副词 Differently。乔布斯团队巧妙地借助了这个语法错误，强调自己的标新立异，既然英语语法说 Think Differently，苹果就要说 Think Different。创新的本质就是要与众不同，如果干什么都和别人一样，那就不是创新了。

本质思维的思想方式是一层层拨开事物表象，直接接触到现实问题的主要矛盾，看到问题产生的主要原因，找到解决问题的主要方法，即走进本质发现根本问题，再从本质一层层往上走找到解决路径。大多数人在实践中都总是倾向于对已经存在的现实比较认可，愿意跟着别人做已经做过或者正在做的事情，这样发展的结果最多只能产生细小的迭代，或者没有发展就地循环。而具有本质思维的人，会从最核心的问题开始着手，然后一步步解决它，他所在的领域基本上很少有竞争对手，从而获得相对垄断优势。比如2300年前的古希腊哲学家亚里士多德对“第一性原理”是这样表述的：“在每一系统的探索中，存在第一原理，是一个最基本的命题或假设，不能被省略或删除，也不能被违反。”哲学家的深邃思想理念，直到现代仍然很有价值，值得思考。

质疑思维、逆向思维、本质思维体现超常型隐默知识的最高境界是超常的想象力。人能在过去认识的基础上，去构成没有经过的事物和形象的能力就叫想象力，想象力是配置组合而创造出新形象的心理过程。法国作家雨果曾经指出：想象力就是深度。没有一种精神机能比想象更能自我深化，更能深入对象，这是伟大的潜水者。科学到了最后阶段，便遇上了想象。

20世纪世界上最伟大的科学家爱因斯坦曾经说过：“想象力比知识更重要，因为知识是有限的，而想象概括着世界上的一切，推动着进步，并且是知识进化的源泉。严格地说，想象力是科学研究中的实在因素。”[8] 爱因斯坦从科学研究的实践意识到，我们能够用语言和文字系统表达的明示知识不是最重要的知识，敏锐地感觉到比明示知识更重要的是想象力，实际上解释了超常型隐默知识的最高境界。

美国未来学家托夫勒在爱因斯坦基础上进一步提出了想象力是核心竞争力，实际上提出了超常型隐默知识作为数字经济知识经济、时代的核心资源要素：今天比以往任何时候都更需要幻想、梦想和预言，即对潜在的明天的想象。一些世界上最大、最铁石心肠、曾经是现在主义的化身的公司今天却雇用直觉的未来学家、科幻作家和幻想家做顾问。

不可否认，美国的创新能力强与美国注重培养孩子的创意能力直接有关。比如，因为幼儿园老师教授26个字母之一O时，只说明代表字母O，忽视了启发孩子对字母O的各种形状的想象，有可能会被告上法庭，这是因为幼儿园老师教学方法不当，有可能使孩子失去想象能力。这折射出美国人的教育观念，想象力教育对美国的原始型创意主体的成长起了根本作用。

想象力成为经济增长最重要的源泉，原因在于超常型隐默知识已经成为经济增长的核心要素。经济活动已经是将个人独特的天赋本能、个性特长用于对未来的预测甚至猜测，生成新奇而有效用的创意，衍生出创新产业和产品，解决人们面临的复杂问题或挑战。目前，我们对于数字经济和知识经济中的资源分类的复杂性，尤其是超常型隐默知识的核心作用还没有明确而清晰的认知。

二、原始型创意的流程

原始型创意主体特有的人格特质、思维方式，在特有的行为方式中体现，客观上构成原始型创意的生产过程。这一生产过程是以想象力为代表的超常型隐默知识的隐性过程，并不是明示知识应用可以引经据典的显性过程。我们需要通过个体行为来认识原始型创意过程[9]。

体验观察感受过程——超常型隐默知识的自我发现阶段：发现自身天赋本能，即指先天的遗传优势、先天赋予的聪慧。天赋实际是父母遗传的天生的某种潜在的隐默知识，其中蕴藏着自己不能用语言和文字解释清楚的、能够应用于发明创造的特有天赋本能，即超常型功能。分辨自身个性特长是指分辨一个人内在的人格特质，如内向或外向。个性就是个别性、个人性，是一个人在思想、性格、品质、意志、情感、态度等方面不同于其他人的特质，这个特质表现于外就是他的言语方式、行为方式和情感方式等，它通常也是天生的，而不是后天学习到的。

从眼耳鼻舌身的感官观察体验感受，是原始型创意主体认识自我和收集原始信息的开始。原始型创意的信息来源犹如一个万花筒，万花筒内的材料数量越多，组成的图案就越多。掌握的相关信息越多，就越容易产生原始型创意。从眼耳鼻舌身的感官观察体验感受是感性思维，在感性思维的具体过程中分别进行抽象，提炼出自己的阶段性认知叫知性思维。碎片式抽象，从具体到碎片化抽象首先需要能够洞悉事物之间的关联性，然后根据这个关联性来将旧元素进行新组合，洞悉事物之间关联性的能力强弱，决定了原始型创意能力的强弱。在这个过程中你可能会遇到这样的情况：一些不成熟、不完成的创意会不断地冒出来。不过没关系，不用在意这些想法是多么荒诞和不现实，这些是创意的雏形。思考到一定的程度，你会越来越厌烦这种素材组合的过程。但是正如黎明前的夜是最黑暗的一样，即使觉得混乱，也不要放弃。

试错、合作、实验过程——激发自身兴趣爱好有先天也有后天学习的知识。兴趣爱好是指对事物喜好或关切的情绪，是人们力求认识某种事物和从事某项活动的意识倾向。它表现为人们对某件事物、某项活动的选择性态度和积极的情绪反应。兴趣爱好也是在天赋本能、个性特长基础上进一步发展的行为方式，受遗传基因的自然传承影响，更是家庭、学校、社会有意识培养的结果。以先天为基础更有后天教育，是自身隐默知识激发与后天显明知识教化的融合。在激发兴趣爱好的过程中持续保持激情梦想：激情梦想是一种强烈的情感表现形式，是在兴趣爱好基础上更升华的个人行为方式，将兴趣爱好既以梦想的形式目标化，又以激情的形式过程化，体现了超常型隐默知识主体的主体能动性，具有迅猛、激烈、难以抑制等特点。人在激情梦想的支配下，常能调动身心的巨大潜力。原始型创意生产过程的可持续取决于激情梦想，以及各种信息的获得与兴趣爱好、激情梦想的引导进行提炼组合。

在激发兴趣爱好的过程中持续保持激情梦想是在试错、合作、实验等原始型创意主体的社会实践活动中进行的。幼稚的好奇、模糊的幻想、初步的猜测，都可以在与人合作的反复试错实验中逐步清晰，逐步显现。看起来的混乱无序、无准备的失败挫折、不经意的偶然火花、聚散离合的团队重建，都是原始型创意过程中从常规型隐默知识到超常型隐默知识的积累过程。

洞察想象假设基础上的灵感创意过程——在洞察基础上系统抽象形成判断推理，就是质疑批判已有假设原理规律，得出新的假设原理规律。比如牛顿不是被苹果砸中就产生了万有引力定律，而是经年累月地在前人研究成果的基础上思考、研究，才取得巨大进展，牛顿在被问到是如何发现这个定律的时，他回答道："因为持之以恒的思考。"

在洞察想象假设基础上的灵感创意是原始型创意思维过程中认识飞跃的心理现象。它是指不用平常的感觉器官而能使精神互相交流沟通，亦称远隔知觉，或指无意识中突然兴起的神妙能力。直觉顿悟、想象设计中的思维创意往往会在策划人费尽心思、苦苦思索，经过一段停止思索的休息与放松之后突然闪现出来，当然前三个步骤不可或缺。阿基米德发现水中庞然大物的重量计算方法，是在极度疲劳后停下思索洗澡时，沐浴完毕起身离开浴盆，哗哗一声水响，触动了他的灵感！从此以后，对于浮在水面的万吨巨轮，人类就以排水量来计算其重量。

原始型创意的产生需要多次试错的回合，是知识应用的多元化融合与多层次递进。实践不是一气呵成而是在失败挫折中前行、再失败再遭受挫折再前行的过程。[10] 而思想与实践形成交替，思想后实践，实践后思想：畅想猜测返回干中思—联想预测再返回干中思—实验试错再返回干中思—设计灵感再返回干中思。其背后蕴含的是，从一开始的常规型隐默知识与常规型显明知识的融合应用，到超常型隐默知识与超常型显明知识的融合应用，是一个多次循环随时间逐步升级的过程。往往原始型创意的生产起点感受体验阶段只能是应用常规型隐默知识，试错实验阶段是常规型显明知识的应用。在假设推理阶段是超常型显明知识的应用，而想象创意阶段是超常型隐默知识的应用。在反复多次循环实践中，常规型知识得以升级到超常型知识。超常型隐默知识在复杂的知识结构性应用中发酵、升华。多次借助于使用常规型知识，超常型隐默知识的高境界——想象创意灵感才会显现。

在自主实践循环过程中的思维升级悄悄进行，过程中认识产生飞跃，逐步升成原始型创意。它是一个人在对某一问题长期孜孜以求、冥思苦想之后，一种新的思路突然接通。灵感一般具有以下特点：①它是以抽象思维和形象思维为基础，与其他心理活动紧密相连的直觉思维。②具有突发性，也具有易逝性。③它是创造性想象思维的结果，是新颖的，甚至是独特的。④具有情绪性，灵感降临时，人的心情是紧张的、高度兴奋的，甚至陷入迷狂的境地。

三、中国原始型创意生态的优化

为改变中国原始型创意生产成果稀缺的现状，中国需要通过深化改革，为原始型创意的生产创造比较系统的制度环境，促进原始型创意生态的优化。

（一）原始型创意主体成长的生态优化

要进行教育制度的系统改革，系统改革的核心目标是为青少年成为原始型创意主体提供自主学习环境。教师的常规型显明知识教育都是为了激励每个学生认知自己的天赋本能、识别自己的个性特长、培育自己的兴趣爱好、怀有自己的激情梦想、成就自己的创意灵感。家庭教育和学校教育都需要认识到，尊重学生的自主学习、自主应用、自我实现行为，保护原始型创意的源泉，保护原始型创意的形成过程。评价教育的效果，就是看学生的自我发现过程是否被尊重保护、兴趣爱好是否被辨识、激情梦想是否被激励、创意灵感是否被认可、推理设计是否被应用。真正成功的教育，是学生在自我试错探索中形成了深刻的洞察力和想象力。

（二）原始型创意自治组织的生态优化

原始型创意的合作先是小众的，原因在于超常型隐默知识不可能首先被只具一般性知识的大众普遍认可，也不能被常规性组织的领导人共同赏识，行政组织管理制度的等级体制天然会抑制和厌恶原始型创意的产生。如果超常型隐默知识能够被常规型组织的领导层及时赏识接受，那么美国的创新经济的发源地就是128 公路地区而不是硅谷。因此，让所有超常型隐默知识拥有者在一个开放自由的环境放开手脚想事做事，维系公开、公平、公正的竞争局面，通过能力本位的竞争，不需要关系、背景、等级、圈子就能脱颖而出是原始型创意制度设计的第一环节，社会自治成为原始型创意产生的组织基础。

社会自治组织产生的起源是超常型隐默知识所有者认识到对方具有的未来潜能，而产生的互相欣赏和互相吸引。互相欣赏、互相吸引者无法靠正式的组织组合起来，必须靠自己建立合适的非正式组织，才能将各类人力资本、非人力资本等诸要素整合到一起，实现超常型知识的价值创造。这是因为，正式的组织往往会使处于边缘的超常型知识认识滞后，影响超常型知识的应用速度。

拥有超常型默示知识的人力资本所有者之间的合作通过各种私缘形式实现：爱好之间的趣缘、灵感之间的心缘、目标之间的志缘、性格之间的气缘、精神信念的神缘、亲人之间的血缘、朋友之间的情缘、同乡之间的地缘、同学同事之间的业缘、个人利益的物缘等。社会自治组织结构趋向多元化，比如有新型研发机构、孵化器、基金会、小微企业、中介服务、协会商会等。社会自治组织的专业性网络，是超常型隐默知识拥有者的社会合作联盟，是社会自治宏观系统的必然状态。研究者、决策者、创业者、孵化者、服务者、评估者、监督者等都在这样一个社会组织网络中按照市场经济的公平竞争与契约合作原则，为原始型创意生产而尽其所能。

（三）原始型创意的管理生态优化

原始型创意的管理既不是常规的劳动力管理，也不是对现有各类人才的计划管理，而是对潜在创意人才的管理，是原始型创意的流程管理。目前中国普遍存在的自上而下的行政管理惯性需要改革。斯坦福大学前校长唐纳德·肯尼迪曾经认为：我们不可能知道下一个成功究竟是什么，所以在选择投入这个或那个科研项目的时候很难做出取舍，即使这是一件非常重要的事；我们也不可能知道将来人类的福祉受到当前哪一项研究的影响，只能是慢慢摸索。管理者对超常型知识有先天的无知和利益局限，从而对原始型创意的识别能力有限，权力任性会使原始型创意被抑制或毁灭。

以自上而下的行政等级为特征的人事管理制度反映出旧的知识管理模式的弊端——根据常规型知识的特点将人事管理集权化、统一化、等级化。集权化容易使权利拥有者将自己的个体知识存量作为知识管理的标准，导致权利拥有者的权利自私和知识自负；统一化容易使常规型知识在行政等级的管理系统中成为主流，而超常型知识则被边缘化；等级化强调的是自上而下的指令，强调管理的规范和稳定，对超常的知识有一种天生的厌恶和抑制。为了在行政体制中获得生存和发展的空间，体制内个人不得已把自己的知识存量和增量调整为符合常规型知识的预设框架，那些不在领导视线之内的超常型知识，尤其是超常型隐默知识就可能被压抑和削减，自生自灭。即便自上而下的行政等级可以在一定程度上发现并容忍超常型隐默知识，也会由于其层层叠叠的等级决策结构，而使超常型隐默知识的认可过程变得滞后和僵化。由于个体生发的超常型隐默知识是脆弱的，甚至是转瞬即逝的，需要有一个促使其生发的生态环境，所以超常型隐默知识的个体对群体生态有一种无法避免的依赖性。迄今为止，我们对这种依赖性的认知还是肤浅的、不自觉的。对新创意、新理论、新技术求全责备，束缚了年轻人的创造性。超常型隐默知识内在地存在于年轻人身上，其表现的方式是非规范和非常规的，与行政等级的自上而下谋求的常规化管理相悖。因此，以常规型知识为主导的行政等级管理不符合创新经济发展的要求，需要在新的知识认知模式的指导下进行改革。

1. 原始型创意萌芽产生的平台搭建

一是搭建员工兴趣爱好实现的宽松氛围，激发想象和创意行为。二是给予时间，员工要有时间去思考、交流、学习并能够在工作中充满活力。三是给予空间，办公室的设置应有利于员工的交流对话和情感沟通，更有利于员工之间创意的互相启发。四是主动开放吸纳想法的途径，关键是管理者要对新的不同的想法敞开胸怀，刺激员工的想象力。五是考核制度上放弃完美，容忍员工因所从事创意中的不确定性所犯下的错误，为员工创新中面临的风险提供保障。这种激励能够刺激创意。追求完美不允许犯错误会阻碍创意。六是同时明确规则，需要在明确约束和给予员工自由之间平衡，这样才能够有效率地进行原始型创意活动。七是放弃统一性，人才千差万别，不能要求每一个人都遵循一样的规则。让人们选择最适合自己的方式工作会更有效率和创造性。八是文化建设上创造惯例和象征，适当的惯例和象征会潜移默化地影响和引导员工的创意行为。

2. 原始型创意涌现的对话机制搭建

通过各级各类组织中对话交流机制的建立，改变行政等级自上而下管控机制的惯性。伟大的创意常常是集体智慧的集合。20 世纪 90 年代，心理学家凯文·邓巴尝试实地考察研究科学家是如何产生的。他在四个世界顶级实验室架设摄像机记录，发现重大发现往往是在科研研讨会上，信息交流更能激发出科研中的重大突破。群体智慧能产生更好的创意。因此，有效的创意会经历独立工作和与人交流两个阶段。

目前行政管理体制熟悉的对话方式是自上而下的统一思想，但原始型创意的对话方式则是平等开放的交流辩论。原始型创意对话的目的不是为了交换众所周知的信息，而是共同探索异见歧义包含的能够带来新的创意的潜在新信息。异见歧义是原始型创意的核心资源，异见歧义就是各种天赋特长、兴趣爱好、激情梦想的交响合唱。将异见歧义在对话交流中渐渐设计成具体的产品或服务模式，这是原始型创意之所以能够成为原始型创新起步阶段的奥秘。

每一个自主实践的原始型创意个体究竟是通过对话统一思想还是开放地、自由地对话，在一定程度上决定了创意本身的质量与成果。从我们习以为常的逻辑推理的惯性来看，语言包含了一套语法规则和一套词汇，决定了语言的含义。单词有明确的含义，能传递清楚的信息，不需要通过解释就能加以理解。因此，沟通对话就是消除错误、达到统一。而从原始型创意的角度来看，语言本身是开放的、不完备的。规则和词汇创造了一个空间，这个空间限定了可能的含义。但真正的含义是由对话双方在特定的互动过程中形成的。信息总是有歧义，并使人们产生疑惑。通过开放式对话，歧义本身成为原始型创意潜在的矿藏，因此不同观点间的自由对话是原始创意过程的必经阶段。

3. 原始新创意成果的评价体系改进

原始型创意不能完美计划，也不能行政指令。管理者并不完全懂得原始型创意者的专业内容，但是却要懂得原始型创意者的社会价值和发展趋势。管理者需要完成从指令者兼监管者到引导者兼服务者的身份转型。虽然行政管理一定有上级与下级之分，但是在对原始型创意者的人格特质和思维方式深刻了解的前提下，尊重与保护原始型创意者的创意权利，推行原始型创意者的自主自治管理，让洞察前沿的创意者去开拓前沿，并不需要时时处处听从上级指示，只要把成果做出来，获得学术界的认可与市场消费者的认可，尽可能减少原始型创意者的时间成本，只需要用成果说话。当然，权利越下放，法治层面上的开放透明的监管就越严谨。

赋权的目的是赋能，赋能的目的是使原始型创意生生不息。伟大的创意常常依存于开放的生态，而不是封闭的竞争中。在自然界，每一个生态系统中都有几个关键物种扮演着生态系统工程师的角色，通过搭建开放平台，让整个系统获得更大的利益。比如，一座珊瑚礁就是一个平台：它与周围的沙堤、岩面、暗礁的裂缝一起创造了百万计的物种栖息地，成为一个具有无限多样性的海底世界。考虑到管理者对超常型隐默知识的分析评价异常困难，行政管理组织只能在尊重与宽容他们的自我开发过程中相机监管。人事管理制度除了要赋予自我探索权外，必须给予超常型隐默知识拥有者一个尝试期、扶持期，即失败权。爱好、灵感、兴趣、特长都可以实验，鼓励创新，即使失败也可以重新选择，原始型创意者的自我监管与管理者的相机监管会在民主法治的机制运行中不断完善。

参考文献

[1] 布莱恩·阿瑟. 复杂经济学 [M]. 贾拥民，译. 杭州：浙江人民出版社，2018.

[2] ROMER P M. Increasing Returns and Long-Run Growth [J]. Journal of Political Economy, 1986, 94 (5).

[3] 胡炳志. 罗默的内生经济增长理论述评 [J]. 经济学动态，1996 (5)：60-63.

[4] 迈克尔·波洛尼. 个人知识 [M]. 徐陶，译. 上海：上海人民出版社，2017.

[5] 弗兰西斯·高尔. 商业的直觉 [M]. 刘寅龙，柴悦，译. 北京：机械工业出版社，2012.

［6］彭尼·皮尔斯．直觉力［M］．张鎏，译．北京：中信出版社，2012.

［7］格雷戈里·巴沙姆威廉·欧文，等．批判性思维（第5版）［M］．舒静，译．北京：外语教学与研究出版社，2019.

［8］爱因斯坦．爱因斯坦论科学与教育［M］．北京：商务印书馆，2016.

［9］杰夫·戴尔，等．创新者的基因［M］．曾佳宁，译．北京：中信出版社，2013.

［10］克莱顿·克里斯坦森．创新者的课堂［M］．周爽，译．北京：机械工业出版社，2020.

On the Institutional Ecological Construction of Primitive Creativity in China

Zhulan Fang

Abstract: The weak ability of primitive innovation in China is fundamentally due to the weak ability of primitive creativity. From the current demand for primitive innovation in China, the basic issues in the study of primitive creativity are the knowledge resources, process, and institutional ecological construction of primitive creativity in China.

Key words: Primitive creativity; Institutional ecology; Construction

创意管理教育

Creative Management Education

CREATIVE MANAGEMENT REVIEW

新文科视域下文化产业学科的建设进路与实践探索

——以澳门城市大学为例*

◎王 忠 胡锐翔**

摘要：在全球文化、科技与产业变革交互蝶变，人文社会科学教育体系深刻变化的时代背景下，文化产业学科建设面临着诸多机遇和挑战，亟待在新文科理念下实现调整升级。由此，本文首先探讨了新文科建设的三层核心理念，明晰了新文科建设的内涵与方向；其次对比分析了当下文化产业学科进行新文科建设的巨大潜力和必然需求；最后通过梳理澳门城市大学文化产业学科饶有成就的实践探索，总结出文化产业学科在向新文科转型时应遵循的五项建设进路，即突破桎梏、高端复合的学科建设定位，科技引领、文化支撑的数字文化产业探索，集群设计、素养本位的课程集群体系，学生为本、延揽名师的师资队伍建设，多方参与、活态合作的课外实训模式。

关键词：新文科；文化产业；学科建设；实践探索

---

* 澳门基金会项目“澳门私立大学发展史——以澳门城市大学为案例的考察”（项目编号：MF2008）资助。

** 王忠，博士，澳门城市大学人文社会科学学院副院长，教授，博士生导师，研究方向：文化产业、非物质文化遗产、高等教育等（zwang@ cityu. mo）；胡锐翔，澳门城市大学人文社会科学学院博士生，研究方向：民俗经济、文化传播与认同（hrxscience@ 163. com）。

一、引言

当下，全球科技革命、产业革新、文化融合的浪潮奔涌而至，世界百年未有之大变局催生了大量新命题、新业态及新需求，孕育能够契合时代语境、凸显人文精神且拥有复杂问题解决能力的新人才、新学科，已成为人文社会科学迭代演进的必然要求。在此背景下，“新文科”这一重构传统学科建设和人才培养模式的教育理念应运而生。1980 年，“斯隆基金会”倡导应基于计算机化的时代需求将技术素养纳入文科教育体系中[1]；2017 年，希拉姆学院深化了新文科的跨学科内涵，主张通过促进文理交融和专业重组[2]，提升人才的复合性与创新性。

应新时代及高等教育现代化的呼唤[3]，新文科建设迅速地进入相关政策与研究的视野中，被赋予了中国文科体系创新发展的“先手棋”[4]“催化剂”[5]“风向标”等重大意义。自 2018 年开始，中共中央、教育部、科技部、中国社会科学院等[6][7][8]先后通过“双万计划”“六卓越一拔尖计划 2.0”“新文科建设宣言”等规划或纲领，进行了新文科建设的全面部署，并持续丰富着其内涵与议题。其中，尤以新文科同文化强国建设、文化发展间的紧密联系最为关键。

由于我国新文科建设的历史使命与本质是树立文化自信、扩大文化影响力、推动文化可持续发展，继而夯实、涵养与传播中国价值[9]，因此新文科建设必须深植中国文化根脉，从中汲取历久弥新的思想财富与精神动能。与之相匹配，中国文化也须乘借新文科建设的东风，经由高质量高水平的文科教育，适应新文明形态，接受时代赋能，兼收并蓄地进行创造性转化与创新性发展[10]。鉴于此，孵化能够凝练中国文化内核、创新中国文化形式、增进中国文化认同、促进多元文化交流的学科就成为新文科建设的重点。且文化产业学既是文化、经济、科技、传播交叉融汇的典型领域，又是与时代变革、大众生活息息相关的前沿学科，同时也面临着新形势下的“质量革命”[11]，正是适合开展新文科建设的“试验田”[12]。因此，本文将从对新文科理念的辨析出发，结合当下文化产业及其学科建设的潜力与需求，聚焦业内独特的学科探索实践，为新文科建设及文化产业学的未来发展提供思考。

二、新文科的核心意涵与建设进路

新文科建设为文化产业学的调整升级提供了引导性的视野与思路，若要真正实现二者的有机结合，就要把握好新文科的核心意涵与建设进路，理解其究竟“新”在何处。

整体而言，新文科是针对社会文化问题日趋脱域化、复杂化、综合化与数字化而诞生的一种学科共生体[13]和新型知识生产模式[14]，是以技术性、创新性、现实性、在地性、国际性为准则[13][15]，在“新理论”“新定位”“新专业”“新方向”“新师资”“新课程”“新标准”等全方位展开的文科教育探索与实践[16]。具体可从“文科之新”“新的文科”“新的人才”三个方面来考察新文科的建设进路。

（一）文科之新：时代语境的目标与方法革新

新文科是在当代语境下对传统文科的鼎革，但是这并不意味着要全盘否定传统文科[15]。与之相反，通过新理念与新技术来推动传统文科的内部革新与反思，实现其在当代的突破性发展，正是“文科之新”这一理念的维度意涵[17]。

第一，传统文科研究理念与议题需紧扣时代脉搏。相较于瞬息万变的时代发展，传统文科存在重理论而轻实践[18]、重兴趣而轻需求、囿于“无用之用”[19]的问题，陷入逐渐“边缘化”的窘境。由此，一方面，传统文科应聚焦前沿问题、结合中国实际进行知识生产，实现引领思潮与阐释时代的现实意义。例如，网络文学与沉浸艺术的创作/欣赏模式、数字媒介的史料性质、人工智能的本体论等新兴问题，都是传统文科领域大有可为的探索重点。另一方面，传统文科应进一步弘扬人文关怀与批判精神，为自己重新定位与赋权，积极回应科技革命及后工业社会中的技术伦理与价值解构等问题。

第二，传统文科研究与教学方法需紧跟数字趋势。数智时代，在线教学、智慧学习及各式数字教辅工具已成为文科教育不容忽视的方式，传统文科“一支笔、一本书、一张嘴”[20]的研究方法则显得过于单一。依托大数据、云计算、新媒介及计量方法，采取“文本挖掘”“网络分析”“空间分析”等科学化分析方法的数字人文研究已是大势所趋，数字文学、计量史学等传统文科的数据密集型转化将迸发出极强的创新潜能。

（二）新的文科：问题导向的超学科交叉融通

随着数智时代的到来，技术的重大变革重塑了传统的产业结构与生活方式，强调多样化、网络化、集成化、个性化、交互化的新社会场景对传统文科提出了挑战[21][22]，旧工业思维下传统文科条块分割、壁垒森严、本位主义的教研窠臼将难以解决与回应新型社会问题[23]，发展"新的文科"已势在必行。"新的文科"强调学科建设应面向科技与经济社会发展的前沿，以问题意识与现实需求为导向，通过跨专业、多学科乃至超学科的交叉、融通或重组，构建新的学科、方向、视角、知识与方法，实现多元知识与主体的全面集合及创新，这是新文科建设最为核心的动力与方式[17][24]。这一理念的"交叉"主要涉及两个层面：

第一，全面融通的科际交叉。"新的文科"务必以宽口径、厚基础、全领域的思路，追求人文学科、社会科学、自然科学的科际间性，动态搭建新学科的内涵与外延。既要发展如文学人类学、历史社会学、艺术文化学这样融通文科内部领域的学科，更要致力于跨越文理之壁，探索如智慧治理、知识产权、生命伦理等更具前瞻性和未来性的学科教育，创造出新的学术理论、学科范式与话语体系。

第二，"四重螺旋"的主体交叉。保持文科教育与社会的共振是新文科建设的基本宗旨[25]，故而超学科交叉的关键就在于力促学科与非学科体系的协调发展，重视与一线业内人士的跨界合作[13]。具体表现为一种超越传统学院体制，强调"大学—产业—政府—社会"四维主体彼此互动、价值共创的"四重螺旋"知识生产模式[16]。在此理念下，高等教育既要在师资选取及人才评价需要方面及时接受来自社会多元主体的监督与意见，也要紧密围绕区域经济社会的独特优势和发展诉求展开学科定位与设置，有针对性地为地区治理和产业升级输送人才、贡献智慧。同时，新文科应关注科学与产业的脱域性，对接国际社会与学界的发展动向，积极整合各国的相关成果，以广博的视野强化学科解释力。

（三）新的人才：创新维度的素养与能力培育

"新文科"是实现创新驱动发展战略的关键一环，相较于学科门类与范式意义上的破旧立新，其本质更强调创新，这一理念的核心意图就是培养能够适应时代要求的创新型人才[17]。这类人才主要强调两个方面的素养与能力：

第一，不断涌现的创意思维与力学笃行的创新能力。通过超学科与新范式的培养，新文科视域下的创新型人才将兼具发散思维与聚合思维两种思维方式。这类人才不仅能够用精准直觉和开放态度不断探索领域优化的可能性，更敢于不断试错建立创意连接，并运用复合多元的能力提出新颖独特、切实可行的解决方案。相关领域的学科转型、范式转变、成果转化均可通过人才驱动实现良性发展。

第二，外向性的全球竞争力与国际化的价值理念。随着我国在全球治理格局中的地位日趋关键、文科国际化的程度日益加深，培养人才的全球视野与竞争力已成为新文科不容忽视的创新之维[15]。不同于传统涉外学科对国际交往与商务应用能力的独特重视，新文科在进一步提升人才在全球就业、文化传播、规则制定等方面的深层次能力之余，更关注终身学习、人文精神、人类命运共同体等理念的熏陶，以期在持续创新、尊人扬人、心怀国际的高质量人才推动下，使中国智慧、中国方案走向世界舞台中央。

三、文化产业学科的新文科建设潜力与需求

对文化产业学科而言，新文科建设不仅是一种革新指南、政策导向或时代背景，也更是一种观照优劣、反思现状的价值尺度与思维方式。在依照这一理念开展教育改革之前，文化产业学科首先应以之为准绳审视自身的发展态势，思考契合新文科形态的内在潜力与亟待引入"新源活水"的必然需求。

（一）文化产业学科的新文科建设潜力

第一，突破学科壁垒的内在属性。与新文科强调不同学科与主体间深度融通、交叉赋能的意涵相契合，文化产业学科本身就是一个兼具多样性与复杂性，由文学、经济学、管理学、艺术学、传播学、历史学等相关学科的理论与方法交叉渗透形成的新知识领域。

就多样性而言，"文化"概念的所指十分宽泛，仅产业层的定义就包括了"满足人社会性存在与精神心理需求的观念性产品"[30]，涉及不同文艺门类与表现形式的文化实践，可供产业化探讨的研究对象不断增多，能够吸纳的学科范畴十分多元。在复杂性方面，文化产业学科拥有推动文化资源的创造性转化与创新

性发展以及实习产业社会效益与经济效益相统一的价值目标，因而对人才的培养便不仅仅停留在营销管理技能方面，而是进一步要求他们能够拥有深厚的文化内涵，并能够在把握产业规律的基础上实现创意赋能与创新改造。此外，文化产业的价值链较长，涉及众多利益相关者及复杂的文化经济关系，多方交互、协同运作是其基本特征。可见，由于文化产业学科天然重视领域交汇、知识复合和多方参与，没有文、史、哲等传统文科在教育转型和范式借鉴时的“体用之辩”包袱，具有跨学科的特质，因此推动文化产业新文科建设，不仅是其领域内核的必然要求，也是发展新文科理念的重要突破口。

第二，紧随技术革新的产业特征。纵观文化产业史，技术革新与广泛应用始终是文化产业相关主体、产业结构、产品形态、市场要素与组织形式演进的强效驱动力和支撑力，文化产业本身就可视为“科技与人文对话形成的产业实践”[31]。当前，数字技术正以一种颠覆性的逻辑和架构重塑文化产业业态，催生出大量以“在线、智能、交互、跨界”[32] 为基本特征的全新机遇、挑战与研究对象。

如在内容生成上，以人工智能为代表的数字技术已深度渗入文学、音乐、美术、影视、新闻乃至学术创作等领域，在以极高的生产效率和极低的生产成本与使用门槛解放产业生产力的同时，也在版权归属、技术伦理、内容灵韵及新文化产业管理人才的工作内容等方面期待着相应学科的理性思辨；又如在消费模式上，以沉浸式、互动式体验为着眼点的产品转向营造了新的文化场景，通过3D、VR/AR、PCG等“元宇宙”基础技术的驱动，不仅如舞蹈、画展、音乐会、剧本杀等各类在地性文化产品的感官体验与表现形式可以得到极大的丰富，而且包括自然景点、文物遗产、节事活动等强调具身欣赏的事物也可以离身化地得到“复活”与体验。沉浸演绎、数字文旅、数字藏品向文化产业提出了通晓、掌握乃至研发“硬核技术”的人才需求。此外，虚拟偶像、移动游戏、短视频平台等前所未有的产品形式也在不断呼吁着人们的关注与探讨。

（二）文化产业学科的新文科建设需求

2003年开始，经教育部备案或批准开设文化产业本科专业的高等院校累计达到213所[33]，但至今仅余189所仍在办学（源自“阳光高考”——教育部高校阳光工程指定平台），且近年来撤办数量呈现出超越新增数量的趋势[33]。可见，文化产业虽然在学科属性与产业特质上有着开展新文科建设的充分潜能，但是也面临着学科发展渐显颓势的困境，故而认真地辨析学科的内在需求，主动求变地推动现有教研思路和人才培养方式向新文科转型就成为这一领域迎接时代挑战的根本途径。

第一，学科类属不清晰下的定位需求。文化产业学科的跨学科特质尽管使作为学术领域的文化产业研究成果颇丰，但是过度地外延式发展导致“文化产业学”的学科范式与讨论边界十分模糊，学科建设中的跨领域课程缺乏有机融合，其学科定位历来繁杂不清、广受争议。

尽管在教育部颁布的《普通高等学校本科专业目录（2022 年版）》中，“文化产业管理”归于“工商管理类”，可授予的学位类型包括艺术学与管理学，但是由于校情差异及硕博阶段拥有较大的学科设立自主性，各高校开设的文化产业专业不仅分属文学、艺术、人文、历史文化、经济管理、新闻传播等不同学院，而且所授学位也增添了法学、农学、中国史、新闻传播、应用经济、公共管理课程等。且教育部发布的《学位授权单位（不含军队单位）自主设置交叉学科名单（截至 2022 年 6 月 30 日）》显示，这一境况在开放高校自设“交叉学科”后进一步加剧，哲学、教育学、民族学、地理学、海洋科学、马克思主义理论等学科也成为文化产业学科所涉及的一级学科。然而，内涵的过度扩张必将削弱学科范畴的精确性，拼盘式的学科挂靠难以形成学科间的互生互补，仅涉及的其他领域的理论与方法就能将本学科立足其上的思路更加值得审视。因此，如何凭借新文科的理念，以数字时代的核心技术与问题为导向，实现有限多学科的融会贯通已是文化产业学科的当务之急。

第二，教研体系不完善下的改革需求。科研方面，文化产业的领域泛化趋势使文化产业的理论体系建构被割裂，不同的相关学科均围绕自身构建了一套解释框架，学者研究也“各自为政”，学科内生的学术人才及师资团队不健全，难以形成明确的专业思维、学科认同和话语共识。由于缺乏关乎学科本体与基本理论的基础性研究，许多文化产业研究更接近于运用传统视角追逐新业态热潮的尝试。这一方面导致中国文化产业学科所使用的大多仍是基于西方产业实践得出的理论，本土理论发展较为缓慢[31]；另一方面使部分研究的解释力相对不足，学界对于业态的阐释和引领常常流于空谈[34]，难以对中国文化产业当今所面临的复杂问题和重大议题进行有效回应。

在此情况下，内地文化产业的教学建设也存在相应问题。例如，在课堂教育上，既缺乏如曼昆《经济学原理》等具有国际影响力和认可度的本领域前沿教材，也在课程设置上存在因学院而异的基础课程差异，不同院校的文化产业学生可能会分别接受统计学或考古学通论这样大相径庭的通识课程，专业人才定位不清；更由于专业课多为“文化产业概论”“文化经济学”等较为空泛的导论性内容，实践课占比不足，致使当下的文化产业专业学子相较于艺术设计、创意写作、影视制作等细分领域的专业人才缺乏核心竞争力。

在上述文化产业人才供给侧弊端的交织下，当前文化产业学科的优质人才输出不足，与市场需求间存在结构性失调[31]。就整体行业状况而言，尽管文化产业高等教育已开展二十年，但是《中国文化文物和旅游统计年鉴（2022）》显示，在全国相关从业者中，拥有中级职称以上的人员仅占 3.29%，高素质的行业人才仍十分稀缺；在毕业生就业方面，曹峰和邢拓发表的《文化产业专业毕业生就业情况调查报告》显示，不仅毕业生普遍呈现不稳定劳动的状态，有近 1/3 更换过三次以上的岗位，而且所学专业对口度在企业关注度、毕业生工作满意度及二次就业因素上均是排名最末或次末的选项，学科的就业支持度不高。因此，通过新文科建设实现文化产业高水平的“新人”与“老人”的共同培育，是发挥文化产业学科功能，有力为文化市场“提质增量”、持续输血的必由之路。

四、文化产业新文科的探索经验：以澳门城市大学为例

由上可见，文化产业新文科的建设不仅要改变当下出现的培养目标不明、学科定位不清、课程缺乏特色、教材纷杂不精及产学研间脱节等内部问题，更要紧跟技术变革前沿和社会发展需求，在新的学科场域中砥砺日新，保持旺盛的学科贡献力与生命力。与此相对应，澳门城市大学正是这样一个直面时代背景、立足区域优势、重视学科更新的澳门文化产业高等教育的领跑者。

历经十二载的不辍耕耘，澳门城市大学已依托人文社会科学学院成功建立起中国澳门唯一的文化产业管理硕士及文化产业研究博士课程，并在“人文日新，

经纬社会”的理念下形成了以产业经济为本，以中国文化为轴，以理论探索、文化保育、智库建设为翼的学科图谱，取得了卓有成效的教育成果。路俊迪和隋缘发表的《疫情影响下文化产业专业应届毕业生的就业报告》指出，不仅硕士与博士毕业生升学就业率分别达到99.9%与98%，与内地相关专业相比高出95.2%，而且2020~2022级均有博士生获得“国家社科基金”资助，表现出较高的科研水平。总体上，澳门城市大学文化产业学科（以下简称“澳城大文产”）呈现出取径前沿、特色鲜明、多元交叉、稳步发展的良好态势，摸索出了一套独特的学科建设思路，可为内地文化产业新文科建设提供借鉴。

（一）突破桎梏、高端复合的学科建设定位

第一，交融独立的学科主题定位。精准的学科定位是文化产业新文科建设的前提，决定了其学术研究与学生培养目标的基本方向。在新文科问题导向、需求导向的思路下，应主张学科回到其研究起点，使之围绕一种核心主题树立学科自觉与立足点，而这正是澳城大文产学科的实践路径。澳城大文产并不是通过栖身于某一传统学科门类来获得合法性，而是通过对本领域的深入解读，凝练出了细致独立的研究主题——围绕符号意义、认同观念与生活方式三者进行生产、中介或消费的现象、动因及其溢出效应。基于对这一主题的探索，本学科在将自身归于包容性较强的人文社会科学学院的同时，亦借中国澳门教育体制之便，将所授学位定位为与相应课程名一致的“文化产业管理硕士”和“文化产业研究博士”。这种不隶属于某一传统学科的培养体系定位为本学科的广博视野奠定了基础，吸引了涵盖文学、工学、艺术学、管理学、计算机科学等多元背景的生源，激发出了极强的创新潜能。

第二，硕士先发的教育阶段定位。根据对文化产业研究主题的拆解，可以发现文化产业人才既需要拥有较高的审美能力、表达能力、知识素养等文化底蕴，也需要拥有较强的想象力、领导力、行动力等创意创业精神，更重要的是需要拥有战略规划、业态分析、政策解读、资源转化、项目运营、产品营销等管理创新能力。这意味着文化产业的学科教育具有相当的资源整合与认知提升性质，只有在具体行业内拥有一定实践经验或应用技术背景的学生才能够有的放矢且言之有物地完成由产业到理论、由微观到宏观的升华。由此，文化产业的教育重点应集中在硕士阶段已渐成学界共识[12][26]。澳城大文产更是在创设之初就以硕士教育

为中心渐次推进“硕—博—本（目前筹建），经验—理论—应用”的教育阶段建设，并坚持在硕、博阶段均广纳拥有行业背景或技术能力的人才攻读学习，实现不同专业与经验的思想碰撞与协调演化，在专业内部营造“创意阶层”，最大化地发挥“美第奇效应”。

第三，精研励思的人才培养定位。除上述对人才基本能力的培养目标外，有鉴于文化产业的联动性、差异性、治理性与公共性，澳城大文产还致力于培养学生的“整体性”、“在地性”和“超越性”，促进人才的高质量发展。

其中，“整体性”旨在引导学生在开展研究或实践时，将经济、政治、社会与文化生活视为一体，并密切关注产业中国家、市场、市民、媒介的角色互动及其长期变迁。“在地性”主张实现知识特殊性与普遍性的结合，根据所处国家、区域与高校的核心需求与文化生态，进行扬长避短、行之有效的学科实践。而“超越性”是本学科最为关切的培养目标。由于文化产业兼具产业及意识形态的属性，不仅对经济发展起推动作用，对社会文化的营造与发展亦有重要而深远的影响。故此，希望学生能以极强的自反性和政治经济学的视角保持对业态的时时发问，并能超越“效率”等议题，关注文化产业中的权力、道德、规范、公平等本应重视的问题，通过人类学、社会学、管理学等方法考察并改善诸如数字劳工、AI入侵、价值消解、消费异化之现状，促进产业向善。

（二）科技引领、文化支撑的数字文化产业探索

如今，面向时代前沿的文化产业新文科理应聚焦数字文化产业领域的真实问题，交叉创设出全新的学科形态。但是，在产业变革初期，是否适宜以整体化的学位教育或独立学科的形式培养新业态所需的人才值得商榷。一方面，数字经济方兴未艾，尚未沉淀出成熟的产业体系与人才结构，未来可聚焦的细分领域与交叉方式均有较大的变化空间；另一方面，新文科建设并非岗前培训，在未经审慎的学科论证提出一套自洽的学科定位、培养目标、理论基础、课程清单与就业渠道之前，若一味急功近利地追求风潮，则必然事与愿违。面对这种不能不变又不可全变的难题，澳城大文产依托现有课程探索出的“科研先导，实务育人”模式就是一个较好的破题思路。

具体而言，澳城大文产师资始终聚焦产业前沿，积极投身文化资源数字化、数字媒介产业化及数字人文等“文化+”领域展开跨学科探索，获得了一批极具理论价值与实践价值的研究成果，为数字文化产业的学科转型作了铺垫。例如，在“UNESCO 世界记忆工程的推广机制研究”项目中对文化遗产档案数字化与文化遗产融媒体传播的探索，以及在“智慧网联条件下城市交通系统运行机理与主动管控”项目中对科技政策的考察与数字人文范式的应用，均是开展数字文化产业前置研究的典范。

与此同时，澳城大文产擅长通过实务驱动构建独特的学科数字服务体系，进而培养学生的数字素养。这既表现在开设“数位行销”课程，并在其他领域课程中增加对数字传播、数字采集、数字展示等数字文化产业实践前沿的着重讲解，也体现在依托本学科师生共建的人文社会艺术传播实验室澳城大网络电视台及数字媒介平台强调的数字能力实训。其中，最具代表性的成果之一就是澳城大文产学子应用 3D 建模、语音合成、动作捕捉等技术，用虚拟数字人活化演绎了由本学科参与整理的世界记忆名录遗产《澳门功德林档案文献》，并在“世界记忆·中国文献遗产创意竞赛”中获评为传播奖与最佳人气奖。

（三）集群设计、素养本位的课程集群体系

课程建设是学科教育与新文科改革的基础与抓手[28]，针对传统文化产业课程“窄、泛、旧”的内容设计[29]、灌输式的教授方式及过度重视应试分数的考评体系，澳城大文产基于学生对理论与实践素养提升的切实需求进行了全面优化。

第一，课程内容上本学科结合硕博阶段、学生兴趣、产业业态及师资科研优势，构筑了衔接性、差异化的“基础+‘应用式’/‘菜单式’核心和选修”的课程集群，使学生在看似繁复的课程清单中形成精研性的核心竞争力。其中，基础必修课旨在培养不同阶段学生所需具备的学科素养与通识知识，如硕博阶段均开设的“研究方法”以及硕士阶段的“文化产业学”“文化学经典”到博士课程则凝练为“文化基础理论及流派”。核心必修课方面，硕士阶段开设有“文化项目管理”“文化与节庆活动策划与实务”等应用为纲的必修课；博士阶段则更具针对性地按产业链中的不同环节将人才培养及研究领域划分为“创意与文化生产”“文化中介与文化贸易”“文化消费与文化品牌”三个范畴供学生选择，并将运用当下最前沿的学科理论动态和实践案例，充实学生的知识结构。学科选修课，则根据研究层次与视野的需求，设置了社会学、传播学、文化政策等跨领

域学科供学生自由选择。

第二，针对国内文化产业学科缺乏具有公认高水平教材的现状，澳城大文产学科不拘泥于“一门课一本书”的传统教材编选方式，而是放眼世界文化产业发展前沿，广泛精选为国内外各界所认可的教材、著作与论文，共同搭建起问题导向的立体教材体系。例如，“文化产业学”这门课既有 *Routledge Media and Cultural Studies Companions* 与大卫·赫斯蒙德夫所著《文化产业》这样广受学界好评、追踪学科前沿的基础教材，也有《文化工业：作为大众欺骗的启蒙》这类学科基础的理论原典，还纳入了 *Cultural work*：*Understanding the cultural industries*、“数字劳动的研究进展、热点及趋势分析报告”、“数智技术赋能艺术创作场景报告”等直面前沿业态的拓展著作。

第三，为引导学生的能动性、探究性与实践性，本学科采用由文献阅读、小组合作、案例分析、论文写作、汇报讲演、答辩讨论、策划调查等方式构成的综合考评体系取代了传统的试卷考试，旨在通过上述手段考评及培养学生在创造性、团队合作、实操能力、产业敏感度及批判性思维等各方面的能力素养。例如，“文化项目管理”课程期末考核方式就是以小组为单位提出一个翔实可行的项目策划案；“非物质文化遗产”课程最后的考评方式就是要求学生针对一项非物质文化遗产项目展开田野调查并撰写调查报告。未来，学科还将进一步丰富学生能力的评估主体，引入业内评估、外校评估等多种方式衡量与指引学生的接受教育质量。

（四）学生为本、延揽名师的师资队伍建设

优良的师资队伍是文化产业新文科建设的“领桨手”与“守门人”，所有的改革愿景都要通过教师的努力来落地实现。

第一，为了拓宽学生的学术视野，吸收更多的学术营养，澳城大文产积极延揽了国内外高等院校文学、艺术学、社会学、人类学、民俗学、管理学、经济学、传播学、旅游学、地理学等文化产业相关领域的重要学者担任科任教师、讲座教授或硕博士生导师，为学生提供了高屋建瓴的理论视野。而在“请进来”的同时，学科亦着力延伸教师团队的学术资源链，与之展开课题共研、教学探讨、学生联培、信息共享、论坛共办的全方位合作，促使澳城大文产学人“走出去”，形成以本学科为中心、平台、渠道的文化产业教研共同体。

第二，围绕教师素质与教学质量，澳城大文产通过学生实时反馈、教师年度自我评估、学院课纲年度评估、教学质量在线匿名调查、课程资料外审评议，以及由教师、学生代表、学院代表、业界代表、其他高校代表共同列席的课程素质保障会议等方式，建立了贯穿教育科研全过程的多元评价监测机制，并因此落实了严格的课程内容修改及教师聘用准入/退出机制，保证了教学质量的常历常新。相应地，学科也为校内教师提供了分批次赴世界顶尖大学访学、业内优质企业参访的进修机遇以及诸如“线上开放课程的选取与应用策略”“Microsoft Teams 平台提升在线学习效果进阶工作坊”等提升数字时代教学能力的培训资源。

（五）多方参与活态合作的课外实训模式

第一，“师生合研”的第二课堂合作。高校教师与学生合力开展科研项目和学术交流是系统化人才培养的重要渠道，通过这种教学相长、“从游濡染”的“师生合研”方式，可以发挥“干中学”效应，实现教学内容的深化，提升学生的科研能力和创新意识[27]。因此，澳城大文产长期致力于学生参与科研项目模式的探索。经验发现，在“大文化”思路下，以项目为中心能够通过组建不同背景的高质量跨学科师资团队为先导，形成学生可以不囿于导师课题组、转而由任务驱动接受不同领域学术与实践训练的“师生合研”模式，并整合校内、校际不同学科或课程间的科研与产业资源，实现学科交叉时的协同互通。在此模式下，本学科学生不仅在项目策划、田野调查、文本撰写、宣传推广等方面深度参与了“澳门文化产业创新生态系统研究”“澳门非物质文化遗产普查”“澳门回归以来本地居民文化消费演变与提升路径研究”等跨学科建设、文化研究、产业研究的科研项目，还助力完成了《中国文化产业年度报告》《澳门文化产业发展报告》等智库文本，参与筹办了“中国文化产业学术年会”“中国文化产业新年论坛”“文化科技创新论坛”等业内著名会议，综合能力不断提高。

第二，“校社合力”的第三课堂合作。通过校内外多主体联动的第三课堂实现高校人才对社会发展动态的把握也是文化产业新文科建设的重要方式。澳城大文产素来重视与社会各界的密切联系及校外教学资源的有效开发。这体现在师资团队普遍拥有报社、设计院、唱片公司的实业经历和诸如“澳门文化创意产业协会会长”“珠海市会议展览业协会高级顾问”等行业协会的社会兼职；体现在学科同澳门南光集团、莲花卫视、中濠典藏国际拍卖公司等区域标杆企业的合作实训；还包括为学生提供赴南京大学、厦门大学、华东师范大学、埃武拉大学等国内外一流高校访学及相关企业考察研学的机会；更体现在学科对行业竞赛这一特殊教育系统的重视，鼓励学生在策划方案、美术设计、影评分析等领域积极参与相关活动，提升自身创新创业能力。值得一提的是，本学科跨学科、跨学校、跨地区的特色亦融入了竞赛中。例如，第十七届“挑战杯”的三等奖作品《折射时代变迁　描绘小康画卷——习近平新时代脱贫攻坚与乡村振兴题材影视作品的创作与传播》就是由本学科与广东财经大学、同济大学的师生共创而生。

五、结语

综上所述，新文科建设是突破现阶段文化产业学科“有数量无质量，有广原无高峰”的发展困境，向着更具科学性、系统性、引领性的现代社会科学方向跨越的关键举措。相关院校及专业唯有正视新时代、新形势对学科功能和人才素养提出的要求，不断吸取并革新创设经验，守正创新，开发新时代的学科潜力，涤故更新，去除旧时代的学科积弊，打造一批具有国际化的思维视野、融通化的研究能力、复合化的实践能力以及多元化的创意素质的新文化产业学人，才能将自身独特的学科理念与价值追求渗透融汇到整个文化产业新文科建设中，焕发文化产业的簇新魅力及文化强国的创新动能。

参考文献

［1］WHITE S，KOERNER J D，FOUNDATION A．The new liberal arts：An exchange of views［M］．New York：Alfred P Sloan Foundation，1981.

［2］LORIV. Designing a model for the new liberal arts［J］. Liberal Education，2018，104（4）：44-51.

［3］蔡劲松，王琪全，任丙强，等．新文科视域下公共管理学科构建与人才培养——以北京航空航天大学为例［J］．北京航空航天大学学报（社会科学版），2022，35（5）：11-19.

［4］李凤亮．新文科：定义·定位·定向［J］．探索与争鸣，2020（1）：3.

［5］高游．坚持中国特色世界一流大学建设目标方向　为服务国家富强民族复兴人民幸福贡献力量［N］．人民日报，2021-04-20（1）．

［6］吴岩．建设中国“金课”［J］．中国大学教学，2018（12）：4-9.

［7］黄启兵，田晓明．“新文科”的来源、特性及建设路径［J］．苏州大学学报（教育科学版），2020，8（2）：75-83.

［8］赵子铭．新文科背景下卓越新闻传播人才培养路径探讨［J］．传媒，2023（13）：76-78.

［9］陈恒．世界知识生产视角下的新文科建设［J］．探索与争鸣，2021（10）：9-12.

［10］李尧，张宏锋．“两创”融入“新文科”的内生逻辑与创生路径［J］．西南民族大学学报（人文社会科学版），2022，43（10）：229-234.

［11］宗祖盼．文化产业与艺术管理专业的教学与人才培养的机遇及挑战——教育部高等学校艺术学理论类专业教学指导委员会第二次工作会议纪要［J］．艺术管理（中英文），2019（3）：167-170.

［12］傅才武，明琰．重构“新文科”：数字技术语境下两种文化的对话［J］．武汉大学学报（哲学社会科学版），2023，76（4）：38-52.

［13］龙宝新．中国新文科的时代内涵与建设路向［J］．南京社会科学，2021（1）：135-143.

［14］权培培，段禹，崔延强．文科之“新”与文科之“道”——关于新文科建设的思考［J］．重庆大学学报（社会科学版），2021，27（1）：280-290.

［15］田晓明，黄启兵．论我国“新文科”建设之中国特色［J］．苏州大学学报（教育科学版），2021，9（3）：91-98.

［16］段禹，崔延强．新文科建设的理论内涵与实践路向［J］．云南师范大学学报（哲学社会科学版），2020（2）：149-156.

［17］张福贵．技术主义道路与传统文科的发展路向［J］．山东大学学报（哲学社会科学版），2021（5）：149-156.

［18］周星，董阳．艺术学科与新文科建设关系的观念思考［J］．艺术设计研究，2020（3）：108-114.

［19］陈跃红．新文科：智能时代的人文处境与历史机遇［J］．探索与争鸣，2020（1）：11-13.

［20］李凤亮．新文科：定义·定位·定向［J］．探索与争鸣，2020（1）：5-7.

［21］徐梦婕．数字时代新文科背景下的美育：内涵、挑战及路径建设［J］．高教探索，2023（4）：114-121.

［22］蔡劲松，董欣静．技术赋能新文科的内在逻辑、扩散机理与实践理路［J］．新视野，2023（4）：46-53.

［23］杨骊．新文科研究范式：四重证据法与文明探源［J］．社会科学家，2022（3）：35-41.

［24］鲁小艳，王东兰．构建新文科高质量发展体系探究［J］．中国高等教育，2023（9）：14-17.

［25］肖磊，许丽丽，刘志军，等．新文科背景下教育学一流本科专业变革的实践探索——以河南大学为例［J］．教育发展研究，2023，43（5）：60-67.

［26］向勇．知识分子的社会责任与研究机构的学术理想——兼论高校独立跨学科学术机构的功能定位［J］．深圳大学学报（人文社会科学版），2012，29（3）：66-67.

［27］王一川，周星，于丹，等．研究型大学艺术专业的“从游式”教学模式［J］．中国大学教学，2009（10）：17-21.

［28］方延明．新文科建设探义——兼论学科场域的间性功能［J］．社会科学战线，2022（4）：165-177.

［29］徐国兴，李梅．一流本科如何建设——基于“双一流”高校本科课程综合改革的实证分析［J］．教育发展研究，2018（17）：28-35.

［30］胡惠林．论文化产业的本质——重建文化产业的认知维度［J］．山东大学学报（哲学社会科学版），2017（3）：1-15.

［31］明琰，傅才武．“新文科”背景下我国文化产业学科的困境与出路［J］．同济大学学报（社会科学版），2023，34（1）：31-43.

［32］花建．在线新经济与中国文化产业新业态：主要特点、国际借鉴和重点任务［J］．同济大学学报（社会科学版），2021，32（3）：54-64.

［33］肖波，王诗怡．学科视域下的文化产业：历史脉络与发展进路［J］．文化软实力研究，2021，6（4）：10-21.

［34］周建新，骆梦柯．中国文化产业研究2022年度学术报告［J］．深圳大学学报（人文社会科学版），2023，40（1）：55-70.

The Construction Approach and Practical Exploration of Cultural Industry Discipline from the Perspective of New Liberal Arts

—Taking the City University of Macao as an Example

Zhong Wang　Ruixiang Hu

Abstract: In the context of global culture, science and technology, industrial changes, and profound changes in the education system of the humanities and social sciences, the construction of the discipline of cultural industry is faced with many opportunities and challenges and urgently needs to be adjusted and enhanced under the concept of New liberal arts. As a result, the article first discusses the three core concepts of the New liberal arts construction and clarifies the connotation and direction of the New liberal arts construction; then analyzes the great potential and inevitable demand of the New liberal arts construction of the discipline of cultural industry; and finally, by combing the successful practical exploration of the discipline of cultural industry of the City University of Macao, the article summarizes the five ways of construction that the discipline of cultural industry should follow in the transformation to the New liberal arts. Namely: Break through the shackles, high-end composite discipline construction positioning; technology-led, culture-supported digital cultural industry exploration; cluster design, literacy-based curriculum cluster system; student-oriented, recruiting famous teachers' faculty construction and multi-party participation; active cooperation extracurricular training mode.

Key words: New liberal arts; Cultural industries; Discipline building; Exploration of teaching practices

以大学生创造力为导向的教学模式创新

——国家级社会实践一流课程的深化与改革*

◎ 杨永忠　雷　琼**

摘要： 大学生创造力课程方面暴露出两个亟待解决的基本问题：第一，建立一个可量化的创造力评估标准，对学生的创造力水平在课程前后进行评估与跟踪；第二，针对评估结果，围绕课程教学开展学生个性化的创造力培养，进一步探索差异化的人才成长方式。“创意与创新管理”的社会实践课程对此进行了探索，发现大学生的创造力总体水平未达到良好，制约的主要因素首先是自我信任，其次是独立性和原创性。对此，社会实践课程进行了针对性调整，提出了“1+2+2”的创造力提升教学模式。

关键词： 国家级一流课程；创造力；教学模式；创新

一、问题提出

2020年获批的国家级社会实践一流课程“创意与创新管理”，自2013年在四川大学开设以来，在促进大学生创造力培养方面，取得了一系列创造性成

---

* 四川大学教改项目“以大学生创造力为导向的教学模式创新：国家级社会实践一流课程的深化与改革”（SCU10145）资助。

** 杨永忠，四川大学商学院教授，四川大学创意管理研究所所长，博士生导师，国家级社会实践一流课程“创意与创新管理”负责人；雷琼，四川大学商学院财务干事，经济师。

果：2016 年杨永忠教授带领四川大学本科生代表队完成的 Uto 文化乐活创业项目，荣获第二届全国文化创意创业大赛总决赛最高奖，项目成为四川大学江安校区创业明星；2018 年学生参与的“杨莉艺术涂鸦活动”，丰富了非遗发展社区氛围，推动西河漆器产业集聚；2019 年学生通过社会实践课程积极参与罗江、崇州等地方扶贫和传统文化的复兴活动，相关创意成果获地方文创大赛三等奖；2020 年学生在“角马青年旅舍创意实践”活动中基于创意的组织模型，对旅舍的价值提升提出了改进建议，被旅舍采纳，促进了创业企业的发展。但面对本科教育教学改革和高等教育高质量发展要求，课程在创造力提升方面，暴露出两个亟待解决的基本问题：第一，如何建立一个可量化的创造力评估标准，对学生的创造力水平在课程前后进行评估与跟踪，观察课程教学对大学生创造力培养的定量影响。第二，在此基础上，如何围绕课程教学，开展学生个性化的创造力培养，进一步探索差异化的人才成长方式。

在前不久结束的四川大学第四届教代会上，围绕党的二十大精神，聚焦和强化“厚通识、宽视野、多交叉”的教育使命担当，学校提出了“以一流学科建设为龙头，着力培养高质量学生，增强贡献人类、服务国家、引领区域的能力”的宏伟发展愿景，为以创造力为导向的新文科教学提供了有力支撑。基于此，我们希望围绕“创意与创新管理”的实践课程深化，在大学生创造力的能力评估与个性化培养方面展开积极探索，实现大学生创造力量化评估与个性化成长的新的阶段性目标。

二、理论基础

经过多年的发展积累，先后有很多学者从不同的角度对创造力进行了定义，虽然还未完全达成共识，但研究者们都认为新颖性（Originality）和实用性（Usefulness）是创造力不可或缺的成分。[2] 因此，目前被广泛接受的定义为“创造力是指个体产生出新颖且实用的想法、产品或服务等”（Amabile，1983；Sternberg & Lubart，1996；Runco，2012）[1][2][3]。研究表明，创造力可以通过心理测试来衡量。[1] 国内外关于创造力的研究显示，目前有关创造力测量的最常用方法包括创造性人格量表（CPS）、托兰斯创造性思维测验和创造性倾向量表。

创造性人格量表（Creative Personality Scale，CPS）是一种用于评估个体创造性人格特征的测量工具。其中，Gough 量表是由美国心理学家 Gough 于 1972 年编制，包括 5 个分量表，分别评估与创造性相关的不同人格特质，目前已经成为国际上广泛使用的创造性评估工具之一，广泛应用于教育、职业、人格等多个领域的研究和应用。CPS 采用五点计分法，从“完全不符合”到“完全符合”，分数越高表示在该维度上的创造性人格特征越明显。

托兰斯创造性思维测验是由美国明尼苏达大学的托兰斯（E. P. Torrance）等人于 1966 年编制而成的，是目前应用最广泛的创造力测验，适用于各年龄段的人群。托兰斯测验包括言语创造思维测验、图画创造思维测验以及声音和词的创造思维测验三套测验题，每一套都有自己的记分方法，各套测验之间的记分可以相互组合，从而构成一个比较完整的问题解决能力与创造性思维能力的评价体系。

创造性倾向量表是威廉姆斯测验（Willianms Greativity Assessment Packet）中的一个分量表，又叫发散性情感测验。该测验共有 50 道题，可测量被试者的冒险性、好奇性、想象力和挑战性四项创造性特质，可以用来发现那些具有创造性的个体。好奇性包括富有追根溯源的精神、乐于接触暧昧迷离的情景、肯深入思索事物的奥妙等；想象力包括视觉化和建立心像、幻想尚未发生过的事情等；挑战性包括寻找各种可能性、能够从杂乱中理出秩序和愿意探究复杂的问题等；冒险性包括勇于面对失败和批评、在杂乱的情境中完成任务和为自己的观点辩护。

需要注意的是，以上创造性测量只是一种评估工具，不能完全代表个体的创造性水平。[3] 此外，由于文化背景、教育和环境等因素的影响，个体在各个维度上的表现可能存在差异，因此在使用时，需要结合个体实际情况进行综合评估。综合来说，CPS 相对简洁、直观，适用于一般人群，是课程的主要测量工具。

三、应用情况

项目拟以创造力理论为指导，以创造力测量方法为工具，应用于“创意与创新管理”课程的教学改革。通过开展大学生创造力量化评估与比较，构建以创造力为基础的大学生个性化成长模式，探索国家级一流课程立项后的深化建设。

基本思路是：创造力是创意与创新的基础，在“创意与创新管理”课程开学初期，以 CPS 为方法基础，结合托兰斯创造性思维测验和创造性成就量表相关方法，对选课学生开展创造力初步测试。针对初步测试结果，分析大学生的创造力分布情况，提出大学生差异化的创造力培养模式，进而通过“创意与创新管理”课程教与学互动，提升大学生的创造力水平。最后在课程结束，再次进行创造力测试，通过前后创造力测量结果比较，分析大学生创造力的变化与发展，并反思到“创意与创新管理”课程的下一步改革。

具体而言，“创意与创新管理”2023 春季课程被列为四川大学公选课，以小班化实践性为特色。通过前面 2 周课程试听后，共有 18 位同学选修。其中，来自社会科学院系的有 10 位（商学院、经济学院等），来自工学院系的有 5 位（机械制造、轻工科学、高分子材料等），来自医药院系（药学院）的有 1 位，来自艺术院系的有 1 位，来自理学院系的有 1 位（物理学院）。课程开设时间共 11 周 32 学时，其中 70%的课程是结合社会实践进行教学。

本次的 CPS 包括 5 个分量表 15 个题项，要求每位学生根据每一个题项所描写的情形，在与自己情况符合程度相同的相应数字上打“√”（1. 完全不符合；2. 比较不符合；3. 不确定；4. 比较符合；5. 完全符合）。以下是每个分量表的具体题项：

独立性：

1. 我更喜欢做独立的工作，而不是团队合作。

2. 我相信，人们应该在自己的思想和信仰方面保持独立，不受其他人的影响。

3. 我通常会避免被社会、文化和传统的规范所限制。

自我信任：

4. 我相信，自己的能力比别人更出色。

5. 当我遇到挫折和困难时，我通常能够保持自信。

6. 我相信，自己的想法和观点是正确的，即使大多数人不这么认为。

敏感性：

7. 我经常会有强烈的情感体验，如忧伤、喜悦和兴奋。

8. 当我看到别人遭受不幸或不公正的待遇时，我会感到特别难过。

9. 我通常会注意到别人可能忽视的事情。

好奇心：

10. 我对许多不同的主题和话题都会非常感兴趣。

11. 当我看到新事物时，我通常会感到兴奋和好奇。

12. 我喜欢尝试新的经验和活动。

原创性：

13. 原始性（Originality）：我通常能够产生一些与众不同的想法和观点。

14. 细节性（Elaboration）：当我有一个想法时，我会尽可能详细地加以说明和解释。

15. 表现性（Expression）：我通常能够用创造性的方式表达自己的想法和观点。

四、初步测评

课程第三周，通过问卷星，进行了 CPS 的初次测评。

实际测评以 5 分为满分，按百分制进行换算，全班创造力平均分为 72 分，最高分为 92 分，最低分为 59 分。其中，低于 60 分的有 2 人，占比 11.1%；60~75 分的有 8 人，占比 44.4%；75~90 分的有 7 人，占比 38.9%；90 分以上的有 1 人，占比 5.6%。创造力平均水平未达到良好（低于 75 分），低于 75 分的占比 55.6%。

以独立性而言，全班独立性平均分为 72 分，最高分为 87 分，最低分为 47 分。其中，低于 60 分的有 2 人，占比 11.1%；60~75 分的有 9 人，占比 50.0%；75~90 分的有 7 人，占比 39.9%；90 分以上的有 0 人。独立性平均水平未达到良好（低于 75 分），低于 75 分的占比 61.1%。

以自我信任而言，全班自我信任平均分为 68 分，最高分为 93 分，最低分为 27 分。其中，低于 60 分的有 5 人，占比 27.8%；60~75 分的有 7 人，占比 38.8%；75~90 分的有 5 人，占比 27.8%；90 分以上的有 1 人，占比 5.6%。自我信任平均水平未达到良好（低于75分），低于75分的占比66.6%。

以敏感性而言，全班敏感性平均分为76分，最高分为93分，最低分为60分。其中，低于60分的有0人；60~75分的有9人，占比50.0%；75~90分的有8人，占比44.4%；90分以上的有1人，占比5.6%。敏感性平均水平达到良好（高于75分），低于75分的占比50.0%。

以好奇心而言，全班好奇心平均分为77分，最高分为100分，最低分为53分。其中，低于60分的有3人，占比16.7%；60~75分的有5人，占比27.8%；75~90分的有6人，占比33.3%；90分以上的有4人，占比22.2%。好奇心平均水平达到良好（高于75分），低于75分的占比44.5%。

以原创性而言，全班原创性平均分为72分，最高分为93分，最低分为53分。其中，低于60分的有2人，占比11.1%；60~75分的有9人，占比50.0%；75~90分的有4人，占比22.2%；90分以上的有3人，占比16.7%。原创性平均水平未达到良好（低于75分），低于75分的占比61.1%。

比较五个细分量表，独立性、自我信任、原创性的平均水平均未达到良好，分别为72分、68分、72分，其中自我信任最低，平均分为68分；自我信任低于75分的占比最高，达到66.6%。敏感性、好奇心的平均分分别是76分、77分，低于75分的占比分别为50.0%、44.5%；好奇心的总体情况最好。

总体来看，在创造力的五个维度中，好奇心保持了较好的水平，自我信任是最大的制约瓶颈，同时，独立性和原创性也需要引起高度重视。

五、教学调整

根据创造性的初步测评结果，我们对社会实践课程进行了针对性调整，更加强化对影响创造力的主要因素进行调整。为此，提出了“1+2+2”的创造力提升模式。

“1”是针对测评发现的影响全班创造力的最大瓶颈，所以我们应以自我信任为基础，撬动整个教学的创造力发展。在自我信任方面，我们采取了以下措施：

一是鼓励学生大胆说出自己的想法。我们设计了一个1分钟创意表达的活动

“我的创意”，让同学们独立思考五分钟，然后，每个同学走上讲坛，在 1 分钟内说出自己的创意。我对同学们说：“创意无所谓对错，许多伟大的创意在最初时都备受质疑，所以，要相信自己。”在 1 分钟内，许多同学从最初的胆怯、慌张转为最后的镇定，眼里还流露着光。对每位同学的创意想法，我们都从不同角度给予了充分的鼓励，并引出可以进一步思考的空间。

二是鼓励学生大胆与企业家对话。作为社会实践课程，70%以上课程是安排在社会实践环节，是走出教室到企业现场进行教学。但这种社会实践，不是简单地到企业走马观花，而是要发现问题，用创意创新理论提出解决的思路和策略。这就要求学生必须创造性地实践，在企业现场敢于提问题，敢于与企业家交流。我对同学们说：“不要胆怯，更不要害羞，你想到的问题，也许正是企业家们忽略掉的。其实，企业家们非常渴望从你们这些‘00 后’中了解到你们的想法。”我举出一些过往的社会实践课堂例子，比如角马青年旅舍创意实践中的互动和反馈，让同学们看到自身潜藏的价值。通过老师们的鼓励，在熊猫桌游价值共创社会实践课堂中，全班同学实地调研熊猫桌游经营情况，与熊猫桌游负责人张鸿交流企业创意与管理情况，最后结合企业现状，独立提出熊猫桌游价值共创方案。张鸿现场对方案进行点评，表示同学们所提出的建设性方案，给企业管理带来了很好的启示，并对同学们的创意表示了感谢。

第一个“2”是针对测评发现的较弱的独立性和原创性，进行有针对性的训练。无论是在学校课堂还是在校外现场，我们都增加了学生独立思考的时间，要求这种思考具有原创性，至少在个人层面（P 层面）具有原创。例如，在“基于 AIGC 的内容生成作业”，我们要求学生在校外合作导师李万春指导下进行 CHATGPT、MJ 等 AIGC 创意生成工具的学习，在初步掌握 CHATGPT、MJ 等 AIGC 创意生成工具的使用后，应用 AIGC 创意生成工具独立完成一份在内容上具有创新性的作业。而在最后的期末考试环节，我们又把自我信任与独立性和原创性进行了融合。我们的其中一道考试题目是：结合实地调研了解的情况，为熊猫桌游提供一份创意与创新方面的诊断报告。这道题的参考答案是：“熊猫桌游是成都最大的桌游企业，通过现场实践，每个人都看到了一个不一样的熊猫桌游。答案具有开放性，要求学生结合自身的观察进行分析和诊断。”

第二个“2”是针对测评中表现较好的好奇心、敏感性，在教学中进行相应安排，以使好奇心、敏感性得到进一步的提升。例如，在“崇德里创意生成过程”社会实践环节，我们首先让同学们想想，自己的家乡有没有破旧的街道或乡村，如果让你来创意来管理，你会怎么做？首先激发同学们对问题的敏感性。在初步的交流后，我们再进一步提出：“在成都，有一个叫崇德里的地方，就是在破旧的街道上打造出来的一张名片。”由此，激发出同学们的好奇心，再实地去调研崇德里，要求现场重点与崇德里管理人员访谈崇德里的创意过程，充分了解崇德里的创意特征、价值构成。

在“创意与创新管理”课堂中，这种“1+2+2”的创造力提升教学模式，由于具有前期测评的针对性，使教学可以有的放矢，教学管理可以有效控制。

六、后期测评

在课程结束的第 11 周，继续通过问卷星，我们进行了 CPS 的对比性测评。测评控制了回答时间，有意识将 15 个问题进行了顺序打乱，以减少初次测评的影响。

仍然按百分制进行换算，全班创造力平均分为 77 分，最高分为 91 分，最低分为 64 分。创造力平均水平达到良好（高于 75 分），高于初次测评 5 分，提高 6.9%。

就独立性而言，全班独立性平均分为 77 分，最高分为 93 分，最低分为 53 分。独立性平均水平达到良好（高于 75 分），高于初次测评 5 分，提高 6.9%。

就自我信任而言，全班自我信任平均分为 72 分，最高分为 93 分，最低分为 60 分。自我信任平均水平未达到良好（低于 75 分），高于初次测评 4 分，提高 5.9%。

就敏感性而言，全班敏感性平均分为 76 分，最高分为 87 分，最低分为 60 分。敏感性平均水平达到良好（高于 75 分），与初次测评 76 分持平。

就好奇心而言，全班好奇心平均分为 85 分，最高分为 100 分，最低分为 60 分。好奇心平均水平达到良好（高于 75 分），高于初次测评 8 分，提高 10.4%。

就原创性而言，全班原创性平均分为 74 分，最高分为 87 分，最低分为 60 分。原创性平均水平未达到良好（低于 75 分），高于初次测评 2 分，提高2.7%。

比较第二次测度的五个细分量表，自我信任、原创性的平均水平仍未达到良好，分别为72分、74分，但均高于第一次测度水平，特别是自我信任有明显提高。好奇心、独立性、敏感性的平均分分别为85分、77分、76分，达到良好，特别是好奇心、独立性有明显提高。好奇心的提高可能与课程教学有关创意与创新的内容有关，独立性的提高可能与课程作业的训练和教学理念强化有关。

我们特别注意到第一次测度最低的两位同学，一位来自社会科学，另一位来自工学。在第一次测度中，来自社会科学的女生在独立性、自我信任、敏感性、好奇心、原创性五个维度，得分分别为73分、47分、60分、60分、53分，第二次测度分别为67分、67分、80分、86分、67分，自我信任和原创性都有了明显提高，综合得分从59分提高到73分。该同学在熊猫桌游价值共创社会实践课堂中，表现特别突出，其创意改进方案被企业家和任课老师一致评为最高分，同时还给予了《创意管理评论》期刊奖励。另一位来自工学的男生在第一次测度中，独立性、自我信任、敏感性、好奇心、原创性五个维度，得分分别为47分、27分、87分、73分、60分，第二次测度分别为67分、27分、87分、87分、60分，其创造力总体水平有所提高，综合得分从59分提高到64分，特别是独立性明显提高了20分，但自我信任没有得到提升。准确的原因有待进一步分析，但在第二次测评关于对本门课程建议的反馈中，该生表示"我个人无法将理论知识的认识与实践很轻松地结合起来理解"，以及第一次测评关于个人爱好中所提供的"想一想，没什么特别的东西"，可能反映出一些与个体差异有关因素带来的影响。

七、讨论建议

本次课程关于创造力的教学模式探索，期冀带来以下教育创新：

第一，进一步将创造力明确为课程建设的着力点，探索以创造力为基础的"创意与创新管理"教学模式，深化国家级一流课程的建设和发展。

第二，探索创造力的量化评价与比较，这与传统的主要采用的定性评价方法形成对比，将深化创造力的教育理论研究，为国内双一流高校创造力人才培养提供教学样本。

第三，以创造力量化为基础的创造力人才培养模式，将对我国创造力人才的培养改革提供创新性的探索，促进中国式现代化的人才成长与中国式现代化发展。

从课程实践的过程与结果来看，取得了初步成效，也提供了以下启示与建议：

第一，因材施教虽然是老生常谈，但确实非常重要。每门课程都会在不同的历史阶段面对不同的学生，历史发展的动态性和学生个体的差异性，均不可避免地存在，因此，教学老师了解所开课程的学生情况，应该是非常必要的。但传统的大班化教学很难做到，小班化确有必要。具体的在实施过程中仍然会有诸多具体的困难出现。

第二，量化的教学评估应该成为教学管理的重要手段。在大数据、信息化，乃至人工智能的技术背景下，实施量化的教学管理变得越来越重要，也越来越容易实现。这种测评尽管在信度、效度方面有待商榷，但小班的数量有限，仍然能够提供一些有效的教学信息。

第三，创造力评估在国内外均是一个有待探索的领域。尽管我们对学生的创造力水平在课程前后进行评估与跟踪，同时尝试开展学生个性化的创造力培养，但限于学生的选修性质和教学管理体制，在进一步探索差异化的人才成长方式上还有待继续努力。[4]

参考文献

［1］AMABILE T M. The social psychology of creativity：A componential conceptualization［J］. Journal of Personality and Social Psychology，1983，45：357-376.

［2］RUNCO M A，Jaeger G J. The standard definition of creativity［J］. Creativity Research Journal，2012，24：92-96.

［3］STERNBERG R J，LUBART T I. Investing in creativity［J］. American Psychologist，1996，51：677-688.

［4］杨永忠．“创意管理学”的十年探索与新文科实践［J］．新文科理论与实践，2022（2）：70-78.

Innovation of Teaching Mode Guided by College Students' Creativity

—Deepening and Reforming the First Class Course of National Social Practice

Yongzhong Yang　Qiong Lei

Abstract: There are two fundamental issues that need to be addressed urgently in the creativity curriculum for college students: Firstly, establishing a quantifiable creativity evaluation standard to evaluate and track students' creativity levels before and after the curriculum; Secondly, based on the evaluation results, personalized creativity cultivation of students is carried out around course teaching, and differentiated talent growth methods are further explored. The social practice course of "Creativity and Innovation Management" explored this and found that the overall level of creativity among college students has not reached a good level. The main limiting factor is self trust, followed by independence and originality. Targeted adjustments have been made to this social practice course, proposing a "1+2+2" creative enhancement teaching model.

Key words: National first-class courses; Creativity; Teaching mode; Innovation

为少年梦想插上创意翅膀

——对“少年中国创意奖”的思考

◎ 献德仙 肖芙蓉*

摘要： 围绕培育少年，让中国少年有自己的创意创造平台，泸定桥小学与少年中国创意奖结下了不解之缘。在创意发展还需要再经打磨的泸定桥小学，这里的教师、学校管理者、对创意管理有经验的专家学者们，举集体之力打造了“少年中国创意奖”，让创新文化和创意管理成为这所“红色小学”的新招牌，也在创意管理更有质效的道路上创造出了新的发展。

关键词： 创意管理；红色小学；素质教育；融合

泸定桥，有“中国红色第一桥”之称，是一座永久镌刻在十四亿中国人心中的“历史之桥”，一座用毛泽东诗词筑起万代牢固的桥，一座被新中国曙光照亮千秋永存的桥，其精魂引领着“少年中国创意”发展的泸定桥小学，让“少年中国创意奖”在此发光发热激发孩子们的创造潜力，探索当代中国创意发展规律，实现在创意经济背景下人人都是文化人、个个都是艺术家的愿景，给相对偏远地区的各族孩子们提供一个舞台，鼓励他们汲取多元灵感，大胆创意，促使同学们在未来可以更加自信地去推动少年中国的创新发展。[1]

不同于其他奖项更偏爱北上广深，“少年中国创意奖”于 2021 年落脚于更

* 献德仙，泸定县泸定桥小学德育办主任，长期从事语文教学和德育管理工作（754569796@qq. com）；肖芙蓉，泸定县泸定桥小学德育办副主任，长期从事语文教学和少年宫社团管理工作（562416035@ qq. com）。

需要它的泸定桥小学，见证了地区会偏远但创意无极限。此奖是在中国技术经济学会国际创意管理专委会与四川泸定县教育局合作指导下，让创意管理与少年碰撞相结合，以创造力为评价标准，面向在校学生，参评作品不仅包括传统意义上的图画、音乐、作文、手工、发明、论文，还包括物品构想、做事方式构想、生活方式构想，极大地去激发学生的想象力，促进了“创意管理”在泸定桥小学学生心中生根发芽，让“创意管理”从娃娃抓起，促进“创意”延伸到学习、生活、三观、习惯的每一隅，让有效管理促进青少年敢于创新、勇于创意。

学校作为育人的摇篮，肩负着为国家和社会培养创新型人才的责任，而“少年中国奖”评选活动在学校的落地为培养学生创意思维打开了一扇窗，为学生们的个性发展提供了广阔的天地。当孩子们站在领奖台手捧奖状时，智慧的创意在一张张获奖的证书上绽放出闪耀的光芒，每一滴汗水的付出、每一分智慧的凝结，都是孩子们善于实践、勇于创新的体现。

一、缘起：聚焦“青少年创意+”，在理念碰撞中专注创意管理深扎厚植

“少年自有少年强，心似山河挺脊梁。敢叫日月放光芒，今朝为我少年郎”，在梁启超的《少年中国说》中，他对新时代少年的期待是炽热的，是明确的。那时候的中国少年，就已经有了“创未有之成绩，做未有之新人”的意识，在师夷长技以制夷的过程中慢慢摸索“中国少年该走的路”。岁月不居，时节入流，党的十八大以来，党中央对教育促科技发展、教育促青少年发展作出部署安排，突出强调要增强全社会的创造活力，建设创新型国家，重点强调了青少年是社会中最富有朝气、最富有创造性的群体。培养青少年的创意能力，激发青少年的创新潜能，对于促进青少年全面发展，引导青少年在建设创新型国家、促进和谐社会建设中发挥生力军作用，具有十分积极的意义。[2] 党的二十大以后，习近平总书记更是在多个公开场合强调，创新是民族进步的灵魂，是一个国家兴旺发达的不竭源泉，是中华民族最深沉的民族禀赋，鼓励青少年要有逢山开路、遇河架桥的勇气，勇于创新创造。多种迹象表明，现在已经进入了“大众创业、万众创新”的时代，创新的重要性达到了前所未有的高度，新概念、新技术、

新创意是最具价值投资的，商场、战场落后即遭“秒杀”。青年是最富活力、最具创造性的群体，理应走在创新创造的前列。天宫一号研制团队的平均年龄为30岁，马云创立第一家互联网公司时才29岁，比尔·盖茨20岁创立了微软公司，青年是万众创新当仁不让的主力军，更加凸显了创意管理要趁早。可以说，从国家发展、民族复兴的两大角度来看，青少年创新能力提升工作都是重中之重，在教育工作中提前铺陈，为国家发展培养具有创新精神、创新意识、创新能力的青少年，既是对国家实施科技方略的回应，也是教育工作的职责。

聚焦“青少年创意+”，我们发现创意管理的基本概念是“起源”。在现代社会发展中，尤其是改革开放进入深水区，创意管理为教育带来了新的变化，部分理念适用于青少年的成长。其中，在《创意管理学导论》这本书中，杨永忠教授提出，正像第一次文艺复兴带来了文学、美术等人文学科的发展，第二次文艺复兴在艺术与商业结合下的广阔而深远的创意发展背景，无疑为创意管理的诞生提供了丰厚的土壤，催生着创意管理学的到来。[3] 创意管理学是一门正在迅速成长的、充满勃勃生机的新兴学科和交叉学科，涵盖管理学、艺术学、经济学、社会学、计算机科学、制造科学等相关学科方法。[4] 创意管理学的发展目的是在资源约束的条件下，组织如何基于文化资源，通过创意，从商业化角度对文化价值进行发现、挖掘、呈现和延伸，以实现文化价值和经济价值的综合价值最大化。我认为，创意对人的成长，对组织的发展，至关重要。没有创意，哪有创新；没有卓越的创意，哪有划时代的创造。从“钱学森问”不难发现，中国之所以缺乏伟大的创新，很大程度上是因为缺乏创意。创意需要激发，创意需要转化，创意需要有效管理。但创意怎么管，管的边界、管的思维、管的方法、管的技术、管的规律，需要教学实践，需要教学探索。在教育的转化中，创意管理被赋予了文化色彩和教育色彩，将创意管理所延伸出来的理论所产生的影响与教育活动、教育成果紧密联系起来，尤其是当前在小学内展开创意管理活动，策划创意管理赛事，推动小学生创意发展，成为当前创意管理的重要内容之一。

创意是一个人成长的开启。“问渠那得清如许？为有源头活水来”，青少年创意能力培养、创新思维培育，肯定不是一蹴而就，需要走一条长效教育、行稳致远的路。这一点，可以在杨永忠教授的相关论述和著作中窥探一二。因此，围绕着创意管理如何与青少年的学习、成长结合，“少年中国创意奖”应运而生。

从创意大赛促进学生创意成长的角度上讲，“少年中国创意奖”将创造力作为评价标准，面向泸定桥小学在校学生，参评作品不仅包括传统意义的图画、音乐、作文、手工、发明、论文，还包括物品构想、做事方式构想、生活方式构想，最大限度地去激发学生的想象力。从创意平台保障角度上讲，四川大学创意管理研究所联合北京中安吉泰科技企业为泸定桥小学创意管理教育搭建了最优化的平台，通过交流，不仅拓宽泸定桥小学在评选创意管理少年中国奖活动中的工作思路，也启发泸定桥小学去更好地挖掘本土文化，将之发扬传承，能在更多的孩子心中种下一颗创意创新的种子。将推动青少年科技教育转换为创意设计，从表面上看起来评选活动门槛似乎低了，但这一低倒把科技教育的大门开得更大了，让更多的学生能参与和尝鲜，并得到快乐，让创意成为青少年的习惯。在理念碰撞中专注创意管理，深扎厚植创新创意的必要性，通过学习创意管理的理论和方法，个人能够更好地发挥自己的创造力和创新能力，提升自己的教育竞争力和社会价值。

二、发展：着眼“奖项+创意管理”，在实践落地中把握奖项的有效激励作用

“奖项+创意管理”是“少年中国创意奖”的重要内核，其本意为创新是青少年教育的重要组成元素，创意管理的适当优化可以让童年更精彩，创意管理可以助推每一个青少年理想高飞。也正是在创意管理和素质教育的慎独融合下，立足于“五育并举”的发展大背景，泸定桥小学迈出了学生创意管理的重要一步，让“少年中国创意奖”成为四川偏远地区做好创意教育的重要里程碑，吹响了“偏远少数民族地区”也要有创意管理的新号角。

首先就是要发挥“少年中国创意奖”的“奖项+”激励效应，让奖项更丰富，让创意不受限，避免创意教育在第一步就被拴上了锁链。“少年中国创意奖”的具体奖项设立，重点遵循以下三个原则：一是高度重视学生的全面发展，关注学生的个性成长，坚持走“质量+特色”的教育之路。二是高度重视奖项的创意适度原则，让同学们可以创新，能够创新，且最大限度地发挥创意思路。三是奖项既要符合创意教育的主旨，还要与学生发展的阶段相契合。在以上三个原

则的推动下，“少年中国创意奖”和泸定桥小学相辅相成，带来了以下的变化：

第一个变化体现在奖项落地的泸定桥小学创意管理教育进行了翻天覆地的改革，带动泸定桥小学有了创意教育的新路径。学校少年宫现在每学年会开设三十余个社团，以满足学生差异化发展的需要，让学生真正成为发展和成长的主人。同时，学校将青少年科技创新活动定为实施素质教育工作的重要途径之一，使科技创新逐步发展成为学校的一大特色。每学期，学校开设的科创课程趣味十足，在学生的心里种下了一颗热爱科学的种子。这颗种子发芽开花，最后硕果累累。学校敢于尝试、突破和创新，学生科创代表队也积极活跃在各级各类赛事中，在科创参赛项目方面由原来的零星尝试逐渐发展到全面开花、大放异彩，取得了丰硕的成果，科学素养和创新精神成了学子生命成长的底色。

第二个变化体现在偏远地区的学生们有了创意层次的多样成绩。其中，世界级的成绩有：2021 年 4 月 3 日，在 2021 年赛季 VEX 机器人亚洲公开对决赛中，学校“雪域雄鹰”机器人战队获得一等奖，开创了甘孜州小学生在此项比赛中荣获大奖“零”的突破！2022 年 7 月 9 日，在广东佛山举行的 2021 年世界机器人大赛总决赛中，泸定桥小学参赛学生获得了两个第三名。2021 年 10 月 1 日至 3 日，2021IGS 成都数字娱乐博览会 VEX 华西区赛在成都世纪城新国际会展中心举办，学校两支参赛队伍分别获得一个二等奖、一个三等奖和一个最佳惊奇奖。国家级的成绩有：2020 年，学校少年宫机器人战队在世界青少年机器人大赛中获得全国亚军，并获得去美国参加世界锦标赛的资格。2019 年 8 月，学校两名学生在 WRC 世界机器人大赛上披荆斩棘，获得全国三等奖。省级的成绩有：2018 年、2019 年、2020 年，学校机器人社团均代表甘孜州参加了四川省第 16 届、第 17 届、第 18 届机器人设计大赛，连续三年均获全省一等奖、最佳风尚和最佳创意等大奖。2019 年，学校在四川省中小学生电脑制作大赛中获得二等奖。2022 年 1 月，学校少年宫学生参加“新时代·蜀少年”2021 年四川省青少年文化艺术展演科技创新类市级展演活动，获得三个机器人赛@ VEXIQ（儿童组）一等奖、四个机器人赛@ VEXIQ（儿童组）二等奖、两个科技创新类创客创意赛（儿童组）三等奖。2022 年 5 月，在“新时代·蜀少年 2021 年四川省青少年文化艺术展演科技创新类机器人@ VEX 赛项（甘孜赛区）”决赛中，学校“雪域少年”队荣获一等奖，“雪域雄鹰”战队荣获三等奖。2022 年 11 月，在第二十届四川省青少年机器人竞赛（提高组）机器人创意闯关比赛中，学校“追风少年”队作品获得一等奖和最佳设计奖。2022 年 11 月，在第十七届中国少年科学院“小院士”课题研究成果展示交流活动四川省评选活动中，学校参赛队获得了两个一等奖、两个二等奖。

第三个变化体现在参与“少年中国创意奖”赛事并获奖的同学和指导老师们，有了更丰富的体验。“少年中国创意奖”自 2021 年开办以来，已经成为一项具有一定影响力的文化创意活动，成为一个优质的文化品牌。2023 年，更是进一步聚集各界力量，通过聚合丰富的优质内容资源，征集优质创意作品，弘扬兼具中华文明与引领时代潮流的创意成果理念，助力推进泸定桥小学建设，建成了真正的创意教育品牌。

第四个变化体现在从原来的科创有难度，到现在的科创有品牌，以红色科创为品牌的创意内容逐渐成为泸定桥小学的招牌，以“红娃”科创基地案例为代表的创意内容带动泸定桥小学“红娃”科创基地硕果累累。“红娃”科创基地到底是什么？还要从一群科创少年的猜想与实践说起。伴随着科技时代的来临，研发与制造技术不断革新，但生态环境破坏不断加剧。在科创老师的指导下，高诗一和同伴们用积木零件及废旧饮料瓶等，以一种异想天开的方式创造了一系列连锁反应，并把智能机器人自动化设计巧妙地加入其中，尝试应用不同的科学知识，将智能机器人与力学、电学、化学、绿能、文化等要素设计在各种关卡中：按键启动机器，智能机器人实现撞击开关，开关启动下一关——第一个绿色能源关卡。风扇转动吹动小车，小车前行撞击弹珠，弹珠落入轨道因重力顺势滚下，砸向触碰开关。触碰开关启动下一关卡。触碰开关开启马达，马达转动开启开关。弹珠因重力势能，顺着轨道依次滚下撞击撞锤，进入下一关卡——第二个绿色能源关卡。重锤因杠杆原理、重力势能砸下压气阀，空气瓶里的空气转化为风能，拉动滑轮组改变轨道，弹珠因重力势能滚下进入下一关卡——创意关卡。弹珠因重力滚下砸动开关，弹珠以 V 字形轨道依次落下，最顶端的弹珠砸向触碰开关启动下一关卡。净化后的水，达到一定水位后顺着水管顺流而下，并开启创客关卡，速度传感器达到一定的湿度，就点亮了 LED 屏，并显示出“爱护环境，人人有责”的标语，出现水中开花的景象。这项设计获得 2022 年第 20 届四川省青少年机器人竞赛小学组冠军，并获得最佳设计奖。通过此次创意比赛，高诗一等同学的创新动机得到科学的启发和引导，此比赛打开了他们心灵的大门，使他们产生了更加积极的创新意识，其想象力、发散思维能力和逻辑思维能力得到了更好的发展。

不管是“少年中国创意奖”的变化，还是泸定桥小学的变化，抑或是参与到创意奖项当中的所有同学的变化，都体现了创意为青少年的长远发展带来了更充沛的原动力和生命力的这一本质。作为奖项落地地方，泸定桥小学不仅在“红色文化”机遇下延伸了创意发展的新面貌，让这一偏远地区的“红色小学”走到了创意活动开展的第一赛道，涌现了诸多能够指导创意活动、产生创意成果的优秀老师，真正地激活了泸定桥小学在创意教育管理方面的一池春水。作为泸定桥小学积极参与少年中国创意奖的学生们，他们比原来表现得更有生命力、行动力和执行力，使自身在学习和生活当中更上一层楼。同时在经验反哺和经验总结过程中，创意管理这一与青少年结合更多的理论走入了青少年的发展过程中，有了新的理论内容，成为泸定桥小学的重要自产知识，成为四川省乃至全国范围内对创意管理和文化管理等管理类、创意类内容提供经验的重要平台。

三、深化：紧抓“创意管理效率+”，在推动成长中做适合中国少年的创意输出

爱因斯坦曾说“创新胜于知识”，因此，要想让一个儿童出类拔萃，应当重视培养儿童多方面的能力，拓宽他们的眼界。让青少年去看，就会发现，有了创意，有了表达能力，孩子们的创造力就会被激发出来，变得更好。“青少年需要创意，创意需要青少年”一直是“少年中国创意奖”的核心理念，然而在这个过程当中，如何从学校、教师及创意本身出发，探寻创意有效管理的措施，才是建立长效发展、推动创意管理成长的核心。一方面，青少年具有与生俱来的创意天分和本能。艺术家说，每个儿童都是天才画家；文学家说，每个儿童都是天才诗人；科学家说，每个青少年都是天才发明家。这些都形象地说明，青少年时期是一个人创意涌流的大好时期。在创意经济和创意文化的发展浪潮中，青少年的创意热情和创意潜能得到了极大的拓展和发挥。[5] 青少年朝气蓬勃，敢于设想，

善于创造，不畏失败，是创意设计人员的主体。另一方面，有关调查显示，年轻人已经成为我国创意设计人群的主要组成部分，20~30 岁的青年已经占到创意设计人员总数的 93%。青少年思想活跃，勤于思考，肯于钻研，多数受过系统的现代科学教育和培训，在掌握新技术、应用新技能方面具有独特优势，是创意行业从业人员的主体。2023 年 6 月，中国互联网信息中心的数据显示，在我国 1.23 亿网民中，青少年网民占 82.3%。青少年总是以其天性使然对时尚的追求、对新奇事物的热爱、对高质量物质文化生活的追求，引领着社会消费的时代潮流，是创意行业庞大的消费大军。现实生活中，从服装时尚到数码装备，从家具装潢到办公工具，从日常学习到娱乐休闲……无不体现着对青少年需求的满足，无不体现着为青少年消费所推崇的许多创意品牌。一定程度上可以说，创意事业主要就是青少年的事业。

因此，如何在后续的管理中推动“创意管理效率+”，有效促进青少年成长发展，还需要在创意管理、创意教育等方面持续优化“少年中国创意奖”落地的途径，丰富其价值。青少年是祖国的未来、民族的希望。面对新的时代，大力开发青少年的创意潜能，培养青少年的创意能力，对于促进青少年健康成长、全面发展至关重要。

一是打破创意管理偏见，从无到有提高有效管理水平，全面提高青少年综合素质。随着创意经济和创意文化的蓬勃发展，创意已日益成为每个人个体素质和能力的重要组成部分。针对当前青少年教育中或多或少存在的重灌输、轻引导，重知识、轻能力，重模仿、轻创造等现象，在青少年中加强创意教育、培养创意能力，不断激发青少年的创意能动性，更具有针对性和现实意义。创意可以促进青少年更好地学习。从培养青少年的创意能力入手，通过引导青少年在积累中创新、在学习中创造，可以更好地调动青少年学习的主动性，使他们养成勤奋学习的习惯，掌握受用一生的学习方法、研究方法。创意可以培养青少年快乐生活的心态。创意是快乐的源泉，强化创意的意识，可以使青少年思维敏捷、喜欢探索、善于发问、乐于游戏的天性得到充分发挥，帮助青少年不断从探索未知、创新创造中体验快乐。创意可以引导青少年更好地投身实践。通过鼓励青少年开展尝试新游戏、进行小发明、小创造等创意训练活动，可以帮助青少年丰富创意实践，提高创意素质。

二是培养青少年创意输出能力，充分发挥青少年主体作用。当代青少年成长在全面建设小康社会、加快推进社会主义现代化的新的历史时期，肩负着神圣的历史使命。实施构建和谐社会、建设社会主义新农村、建设创新型国家、建设资源节约型和环境友好型社会等一系列重大战略，都呼唤广大青少年与全社会一道，迸发创造活力，展示创意才能，不断开拓创新。当前，创意文化产业和创意经济作为新型经济形态，在世界范围内日益展现出强劲的发展态势，已经成为国际竞争的一个重点领域。我国的创意行业起步较晚，与发达国家相比，在缺少高端原创人才、经营管理人才和人才结构不尽合理等方面尤为突出。我国应大力发展创意文化和创意经济，增强综合国力，呼唤广大青少年勇于进行创意设想。

三是大力培养学校创意管理人才，使他们踊跃投身创意实践，努力成为掌握现代科学文化知识和先进技能的创造性人才，为创意事业的发展提供源源不断的人才支持。培养青少年创意能力是一项综合的系统工程，需要学校、家庭、社会等各方面共同努力。要大力倡导“赏识、创意、体验、伙伴”的教育理念。我国著名教育家陶行知先生说过：“教育不能创造什么，但它能启发解放儿童创造力，以从事于创造之工作。”培养具有创意能力的青少年，需要我们有“赏识、创意、体验、伙伴”的教育理念，通过“赏识”使青少年增强自信、通过“创意”激发青少年创新灵感、通过“体验”引导青少年参与实践、通过“伙伴”鼓励青少年互帮互学，使之真正成为每个家长、每个教育工作者、每个社会成员的主动意识和自觉行为；需要我们坚持创意教育的整体性、主体性、创新性和实践性原则，充分尊重青少年的主体地位，培养青少年的科学素质和人文素养。在“少年中国创意奖”的理念引导下，要积极开发健康有益的创意产品。开发健康有益、积极向上的创意产品，特别是那些注重彰显社会主义核心价值体系的创意产品，有助于潜移默化地引导青少年形成正确的世界观、人生观、价值观，沿着党和国家希望的方向成长进步。要着眼服务青少年健康成长，始终坚持社会效益第一、兼顾经济效益的原则，向青少年传递健康向上的文化信息，使青少年形象地认识到什么是真善美、什么是假恶丑。要坚持思想性和时代性相统一，让青少年通过这些创意产品，了解博大精深的优秀民族文化，形象地认识到为人处世的基本道理和基本规范。要坚持原创性和前瞻性相结合的原则，让青少年通过这些创意产品，形象地认识到科技和创意的魅力，了解到科学技术的最新进展。

正如一代人有一代人的使命，一代人有一代人的担当，在创意管理与教育融合的新时代，小学和“少年中国创意奖”的出资方、理论支持方及平台搭建方产生了良好的共鸣共融效应，真正地在青少年创意激发、创意管理、创意成果、创意落地四方面取得了较好的成绩，走出了重要的一步，引发了高质效的反响。未来，我们必将融合更多的力量，借鉴更多的经验，筹划更多的活动，打造更高级的少年中国创意奖，让这一奖项和泸定桥小学的创意品牌紧密联系在一起，推动以少年宫和创意活动为主的创意赛事走向更快速的发展赛道，在第二个百年的新征程当中，走出属于泸定桥小学的创意管理，为创意管理与青少年教育相结合的理论创新及实践成果贡献属于泸定桥小学的新力量。

参考文献

［1］高长春，黄心洁．创意中国：新时代、新思维、新发展——第三届中国创意管理高峰论坛会议综述［J］．创意管理评论，2020（5）：187-193.

［2］杨玉国．创意管理：风景这边独好——阜宁县益林中心小学推进教育教学变革侧记［J］．华人时刊（校长），2019（5）：20-21.

［3］杨永忠．创意管理学导论［M］．北京：经济管理出版社，2018.

［4］杨永忠．“创意管理学”的十年探索与新文科实践［J］．新文科理论与实践，2022（2）：70-78.

［5］高月昭．艺术管理在文化创意产业发展中的作用［J］．青春岁月，2023（Z2）：156-158.

Inserting Creative Wings for Young People's Dreams

—Reflections on the Youth China Creative Award

Dexian Xian　Furong Xiao

Abstract: Focusing on cultivating young people and providing them with their own creative creation platform, Ludingqiao Primary School has formed an inseparable bond with the "Youth China Creative Award". In LuDingQiao Primary School, where creative development still needs further refinement, teachers, school managers, and experts and scholars with experience in creative management have collectively created the "Youth China Creative Award", making innovative culture and creative management a new sign of this red primary school and creating new development on the path of more efficient creative management.

Key words: Creative management; Red primary school; Quality education; Fusion

创意管理评论 · 第9卷
CREATIVE MANAGEMENT REVIEW， Volume 9

创意管理前沿

Creative Management Frontier

CREATIVE MANAGEMENT REVIEW

基于网红经济的旅游创意运营模式分析

——来自丁真案例的启示

◎ 孙　新　杨婷婷*

摘要： 互联网技术的迅猛发展、文化创意市场下沉及消费观念的改变为网红经济的形成奠定了基础。从网红概念诞生至今，产生了不计其数的网络红人，然而大多数网红都是昙花一现，很快消失在大众视野。只有极个别的网红团队能够把握长久运营之道。本文从网红经济、运营模式等相关理论出发，以近年来网红中的典型成功个案“丁真”为例，分析了“丁真”在甘孜旅游创意运营中的具体运作方式。在此基础上，从内容创意、文化符号耦合、网红IP多次元开发、优质专业团队、全平台资源开放与整合、网红自身素质和旅游创意价值共创七个方面，探析了基于网红经济的旅游创意运营模式，并得出了相应结论和启发，以期为基于网红经济的旅游创意运营和价值创新提供些许参考。

关键词： 网红经济；旅游创意；运营模式；IP；丁真

引　言

截至2021年6月，全国有10.11亿网民，其中10.07亿为手机用户。网络

* 孙新，青海西宁人，西北民族大学管理学院讲师，创意管理硕士研究生导师，主要研究方向：旅游管理、文化旅游创意管理；杨婷婷，甘肃天水人，西北民族大学管理学院2018级旅游管理本科生。

视频（含短视频）用户规模达9.44亿，占网络用户数量总体的93.4%；其中，拥有8.88亿的短视频用户，在总的网民数量中占据了87.8%[1]。短视频的高互动性与丰富而强大的内容承载，使网络热潮下涌现出大批量的网红，网络明星和粉丝群体的兴起，引发了网红经济，从而逐渐显示出互联网的经济价值[2]。互联网平台与新媒体推动网红经济在传播方式、运营方式上发生迭变，网红经济渗透在各行各业。

在文旅融合背景下，旅游产业与文化创意产业的融合越来越深入，突出表现在借助互联网与新媒体所进行的旅游内容创意与网红经济模式创新，因此，探究网红经济的旅游创意运营模式是十分有必要的。

一、概念界定

（一）网红与网红经济

1. 网红

敖鹏（2016）认为，网红是一种在自身领域内依靠社会网络获取知名度的一类群体[3]；沈霄等（2016）将网红定义为"网络红人"，是指那些在现实社会或者网络中，由于某些行为、某个事件被广大网民关注从而走红的人[4]。王卫兵（2016）在研究中指出网红又被称为网络红人，是指通过网络媒体进行自我宣传，从而实现现实中不可能实现的心愿与欲求，快速进入网民或大众视线，迅速成为网民与公众的焦点的个体[5]。网红是网络时代发展的结果，是以科技为支撑，以时代和文化变化为依托的资金驱动的利益关联。随着文化的泛娱乐化，广义的网红概念也可指物或某种现象。

2. 网红经济

网红经济是一种商业模式，是指网红个体或经营团队通过网红的公众影响力、号召力与知名度，通过一定的变现手段来获取相应的经济利益。网红经济是伴随着互联网明星们的崛起而产生的[5]。在互联网飞速发展的今天，网络红人在网络中的人气与日俱增，其通过个人人气的积累，聚集了大批量的粉丝群体，获得极高知名度与关注度。网红群体通过头部社交媒体平台累积人气，形成网红个人粉丝群体，进而通过向粉丝进行针对性营销，将粉丝带来的人气转化为货币价值，从而实现网红经济效应。

（二）IP 与 IP 运营

1. IP

IP（Intellectual Property）是知识产权的英文简称，原来是指通过智力创造性劳动所获得的成功，并且是由智力劳动者对成果依法享有的专有权利[6]。目前 IP 主要是指利用已具有关注度、知名度的知识产权为主体，通过多个方面的发展与激活而构成的一种新的文化产业[7]。曹梦婷、朱晓辉（2018）从功能价值出发，提出旅游 IP 是旅游渠道、服务与产品等方面的信息资源与知识产权[8]。

2. IP 运营

IP 运营，即指围绕优质 IP，以技术为纽带深耕粉丝经济，实现跨媒介、多平台交叉联动，从而发挥文化产业链上下游效应的价值创造体系[9]。创意的内容与 IP 运营有着相辅相成的作用关系。创意的内容为 IP 的塑造奠定基础，IP 的运营是通过对核心内容的拓展，将创意内容作为可让用户消费和体验并加以实体化的产业。

（三）旅游创意运营

目前，互联网视角下的创意运营研究日益增多，主要聚焦在如何利用微信、微博、贴吧等网络平台进行品牌推广、产品营销的运营方式。其核心在于通过对优质、高传播性的品牌相关内容进行线上策划宣传，将信息推送给消费者，同时提升用户的参与性，提高创意的知名度，最终实现创意的价值。因此，有关旅游创意运营的概念界定可从创意的价值实现角度去理解。由此，本文尝试将旅游创意运营界定为：依据资源禀赋与市场需求进行旅游创意的生成，在综合考虑各类社会网络关系的基础上，通过不同的决策路径进行旅游创意 IP 的培育与开发，并借助互联网与新媒体平台进行创意的传播与扩散，在相应营销策略中实现旅游创意的价值转化。

（四）价值共创

拉米雷斯（Ramirez，1999）提出了“价值共同生产理念”，该理念是价值共创理论早期的思想萌芽，他强调了顾客在价值创造中的作用，认为价值创造是顾客和企业互动的结果，价值是企业和顾客共同生产的。价值共创被看作生产者和消费者共同合作创造价值，即通过相互影响来实现价值。是一个在互动中共同扩大价值的过程[10]。

二、理论基础

（一）创意运营模式理论

杨永忠、陈睿（2018）提出创意运营的一般模式框架，将创意运营的一般模式划分为内容运营模式、平台运营模式、终端运营模式以及众筹运营模式四种类型。在价值网中，分别以“内容”“平台”“终端”以及“消费者”作为“主导性价值中心”的创意运营。内容作为创意的价值核心，既是创意的出发点也是落脚点；平台作为重要技术基础，同时也是创意运营的价值转换与汇集中心；终端是用户访问创意价值网的入口；而众筹是基于互联网平台，实现文化创意和产品消费高度融合创新的有效途径[11]。

（二）注意力经济理论

Goldhaber（1997）提出用户的注意力是互联网中的稀缺资源，随着信息流供给量的不断增加[14]，针对消费者注意力的“抢夺”竞争也越发激烈，在信息大爆炸时代，注意力作为一种稀缺资源成为传媒经济中最重要的财富[2]。耿倪帅（2020）指出，网红营销方式需要适时而变，以此来将用户注意力转化为实际利益，实现长期发展[12]。在网红运营中若需要获得长久的利益，则需要不断进行内容创新来吸引广大网友关注。丁真作为网红，之所以在短期内获得极大的关注度，一方面源自于优质的创意内容；另一方面取决于创意者、网友、签约公司、头部社交媒体、政府等一系列较为成功的社会网络运营。

三、“丁真”案例概述

（一）起因：“甜野男孩”横空出世

机缘巧合之下，摄影师胡波在某短视频平台上传了 7 秒视频，视频中一名来自四川甘孜理塘的名叫“丁真”的男孩，以他纯真、质朴的笑容俘获了万千网民的心，该视频仅 2 小时就突破了 1000 万次播放量，获赞 200 万，以“甜野男孩”的形象出现在网友面前的丁真，直逼顶流热度。

（二）发展："国有网红"旅游代言人

2020 年 11 月 18 日，丁真放弃高薪网红工作，与隶属于四川省理塘县国资委的甘孜州理塘县文体旅投资发展有限公司签约，以"国有网红"的身份成为理塘县旅游形象代言人。在各地文旅部门旅游宣传内卷之时，甘孜旅游业亟须一个有热度、受关注且与地方旅游形象相贴切的旅游推广人，丁真适时出现，双方彼此成就。四川文旅微博于 2020 年 11 月 25 日为网友解析了"其实丁真在四川"。围绕该话题，四川文旅微博发布了 50 余篇有关四川文化、旅游和美食的博文。随后，成都文旅、文旅乐山、绵阳旅游等官微纷纷响应，联合宣传。同时，西藏、山西、上海、山东、甘肃等文旅网站纷纷参与"抢人"之争，将丁真的人气推向了一个新的高度。

（三）高潮：打动世界的"中国力量"

2020 年 11 月 28 日，我国外交部发言人华春莹连发三条 Twitter 支持这个藏族小伙，央视著名主播海霞和白岩松等均为丁真发来祝福。2020 年 12 月 1 日，新华社评丁真为打动世界的"中国力量"。日本电视台也对丁真进行了报道，随后源源不断的流量注入"丁真"这个名字。政府部门和官媒主动为一个草根红人密集点赞实属罕见，官方点赞成为另一个爆发热点，将网红"丁真"推向流量高潮。

（四）持续发酵：支持者与"键盘侠"的战斗

随着事件的发展，负面的声音接踵而至，丁真本身没有什么负面新闻，反倒是他的爆火让部分网民不能接受。他们认为丁真没有能力、学历和背景，仅凭长得好看就爆火，因此产生了不满甚至略带嫉妒的心理。而绝大多数的女性网友则站出来支持丁真，这样有冲突的观点在微博、知乎等平台引发热议。2021 年 1 月，丁真因为负面视频流出一度陷入舆论旋涡，后在团队与个人的努力下，不利局面才扭转。

（五）后续：IP 价值的持续挖掘

丁真爆火至今几乎没有再出现负面消息，本人也一直在坚持学习，普通话、写字、英语均有较大进步。丁真和理塘旅游形成深度绑定，拍摄理塘旅游宣传片、纪录片，后期丁真陆续参与了《丁真的世界》、抖音直播、官方活动和文娱节目，并与各类明星大咖合作参与综艺节目，参加联合国演讲，丁真的正面形象延长了丁真网红热点的持续周期，人气热度有增无减，丁真的个人流量亦逐步转化为家乡理塘的游客量。

四、基于网红经济的“丁真”旅游创意运营模式

（一）内容运营

内容运营包括模糊前端创意、内容设定与生产、IP 运营、粉丝转化等多个环节，其中关键环节在于 IP 运营。IP 是一种商品最直观的表现形式，也是内容运营的媒介，因此 IP 运营构成内容运营的关键环节，该过程是以粉丝群体的培育、形成和转化为基础的，也是一个 IP 从发现到培育再到最终变现的过程。具体来讲，首先是需要发掘具有较大成长潜力的原始形象；其次是通过营销手段对某形象进行宣传推广，并不断对原生形象进行内容再生产，实现 IP 价值思维不断提升；最后是流量汇集与变现[11]。

1. “丁真”的 IP 运营

“康巴汉子”“未经现代文明生活驯化的甜野”“赛马王子”，丁真让川西藏文化有了具体形象。丁真的爆火使其迅速成为甘孜理塘的文化 IP 和旅游名片。丁真签约国企后，通过纪录片《丁真的世界》《丁真的自然笔记》等节目让大家更多、更深入地了解了理塘和甘孜。2021 年“十一”黄金周期间，理塘创十年来旅游收入最高纪录，共接待游客 137967 人次，旅游总收入 1.52 亿元。运营团队通过媒体赋能将网红丁真形象地方化嵌入、地方文化网络化呈现，组建起流量变现的网络基础，地方政府部门介入为流量变现搭建社会基础，两者结合为粉丝前往理塘旅行进而产生消费，创造出一个相对成熟的基础环境。通过注意力经济实现流量变现，也是 IP 变现的过程。图 1 为“丁真”IP 运营过程。

图 1 “丁真”IP 运营过程

“丁真”内容运营的成功之处部分在于摒弃传统资本驱动网红孵化的模式，

换以IP打造的思维方式对“丁真”进行内容创意与开发。在以资本为驱动的网红经济中，资本很大程度上影响着网红IP的长久度；在以IP打造为主的网红经济中，创意内容和运营方式决定着IP能否被持续性关注。“丁真”IP的多次元、深层次开发，可以通过吸引游客互动，增强用户黏性，逐步培养他们的消费需求。相较于一般网红，丁真的火爆是创意内容文化价值与商业价值的双赢。文化资本是创意开发的生命之源，没有优质内容作为创意内核，网红的生命周期将会是一个未知数。丁真案例既遵循了以消费者为导向的旅游创意市场规律，也创新了文化创意内容运营模式。

2. 用户注意、体验与反馈

与大众传媒批量孵化出的网红不同，丁真最初走红的视频中所呈现的蓝天、草原、藏袍、白马等元素，以及丁真纯真与质朴的形象，与现代都市场景形成鲜明反差，隐喻着人们内心深处所追求的“桃花源”，快速引发了网友的极大关注，视频给观看者带来了一种心理上的解压和精神上的愉悦。丁真的“现象级”走红，将川藏线上海拔最高的县城理塘带入大众视野。

互联网时代，基于新媒体的内容创意，在传播范围与扩散速度方面前所未有，优质的创意内容能在短时间内被消费者关注到，通过大数据和开放式的网络互动，互联网平台能够通过终端获取用户体验信息数据，在对用户反馈信息进行评估的基础上，适时进行创意内容的创新和产品的升级。例如，丁真浑然天成的藏民族特色，成为其在大众眼中的经典形象，也是“丁真”IP创意的重要内核，因此，丁真成名后在某综艺中的古装造型遭到了不少网友的吐槽，认为此种造型与丁真的气质不符。在得到粉丝的意见反馈后，在接下来的各种文艺活动中，丁真继续以大众最认可的传统民族形象出现。由此可见，基于新媒体的旅游网红，其用户注意、体验均与网红人设及其所承载的内核文化特色息息相关，用户反馈是旅游网红形象可持续塑造和内容创新的重要依据。

（二）平台运营

平台运营对于网红经济影响较大。通常，“平台”泛指包括新媒体在内的互联网平台，是创意价值网的一个关键技术基石，也是创意运营活动的价值转化和汇集的重要枢纽。广义上的平台不仅包括互联网平台，还包括社会资源平台。网红的创意价值增值是由“平台”带来的双向营销利益和跨部门的网络外部因素决定的。

1. 平台搭建的开放性

网红经济的实现离不开平台资源的搭建，而网红经济的长久性却与创意内容质量息息相关，平台的搭建为旅游网红创意运营和创意价值实现提供有效途径，平台开放程度对旅游网红的运营成效有较大影响，开放性不仅是指互联网平台在技术上的互动连接与开放，还应包括社会网络资源的整合与开放。以丁真和网红尔玛依娜为例，2005 年，四川阿坝州女孩尔玛依娜以其天真无邪的容貌和独特的羌族服饰一炮走红，被人称为“天仙妹妹”，丁真和“天仙妹妹”进入大众视野的经历相似，但二者因所处时代不同，在后期平台运营和创意价值实现方面有着较大区别。表 1 为丁真与尔玛依娜平台资源对比。

表 1　丁真与尔玛依娜平台资源对比

平台类型	平台类目	丁真	尔玛依娜
互联网平台	传播渠道	抖音、快手、微博、百度、B 站、知乎、电视台	门户网站、百度、博客、电视台、（央视 3 套、7 套、12 套节目都曾采访或者与尔玛依娜有过合作）
	传播范围	国内外	国内
	网民关注数量	10.11 亿	1.11 亿
	话题讨论平台	微博超话、短视频平台评论、各视频播放平台弹幕、知乎文章	论坛、当地媒体、各大纸媒
社会资源平台	政府重视程度	政府官方账号助力；联合国演讲	—
	主流媒体	日本新闻报道；中国新闻联播报道	以娱乐媒体与演艺圈为主
	流量明星资源	与一线明星大咖合作	与成龙等巨星同台演出，但资源仍有一定局限
	地方重视	理塘旅游宣传大使	理县旅游宣传大使
	工作性质	签约国企，暂时拒绝参加非工作类的宣传活动	签约经纪公司，接代言、出商演、拍电视剧

资料来源：笔者对所掌握资料进行了自行整理。

通过对丁真和尔玛依娜互联网平台和社会资源平台的运营对比可以看出，二者在影响力和运营效果上有较大差别。

从表 1 的相关信息可以看出，二者都是通过互联网与社会资源平台，得到头部官方媒体与广大网民的注意，获取粉丝与流量，最终通过创意营销手段进行流量变现。但二者在平台运营方面存在较大差别。首先，丁真的爆火与新媒体和互联网技术的进步直接相关。互联网在网红运营的传播渠道、传播范围、网民数量、话题讨论度等方面有着显著优势。其次，二者在社会资源平台运营上的差距悬殊。丁真在成功出圈后，运营团队并没有让丁真定当下较火的直播带货、签约影视公司的网红发展路线，而是到旅游国企工作，并让丁真加强包括汉语等在内的文化知识学习。国有企业因自身优势，能获得更多国内外主流媒体与政府层面的支持。丁真充分利用平台开放性资源，通过专业团队的管理运作与头部社会官方媒体的支持，提高了内容质量和被推荐的概率。反观尔玛依娜，在成为“天仙妹妹”后，除互联网平台运营在当时的局限性外，其社会网络资源也有所欠佳，签约经纪公司后，对该网红创意的自身文化价值和优势定位上认识不清，导致商业气息过于浓厚，在平台开放性及创意内容的可持续性视野格局方面稍显不足。

2. 创意组织与开发组织培育

互联网平台为创意的生产者、消费者与开发者三者的互动提供了连接载体。互联网平台、短视频平台成为一个多方互动的窗口。网红本身是旅游创意内容的来源，也是创意组织的主要成员，创意开发者通过技术手段将网红创意进行有形化呈现，创意消费者既是创意的主要体验人群，也是创意再创新的重要因素，三者可通过互联网平台发起旅游网红各类话题，话题是大多数内容平台集中讨论和创作的一种组织方式，是创意生产者、开发者和消费者汇集的场所，提升热度，形成流量，诱发消费者网络规模，从而实现平台运营效益。在丁真案例中，其视频内容的起始是短视频平台，后续在热度发酵后转移到新浪微博，微博就是“舆论工厂”，它具备强大的传播功能与聚焦注意力功能，为创意生产者、开发者和消费者提供了沟通渠道。微博不是丁真创意内容的发源地，而微博话题则是带动丁真热度的重要渠道，找到合适的话题（结合时间、话题内容和热度）可以加深粉丝印象。通过话题实现网红丁真的最初引流，通过社会网络资源整合和平台流量导入，实现粉丝效应和价值转化，达到创意生产者、开发者和消费者的共赢局面，为下一轮的平台运营提供基础和保障。平台运营流程如图 2 所示。

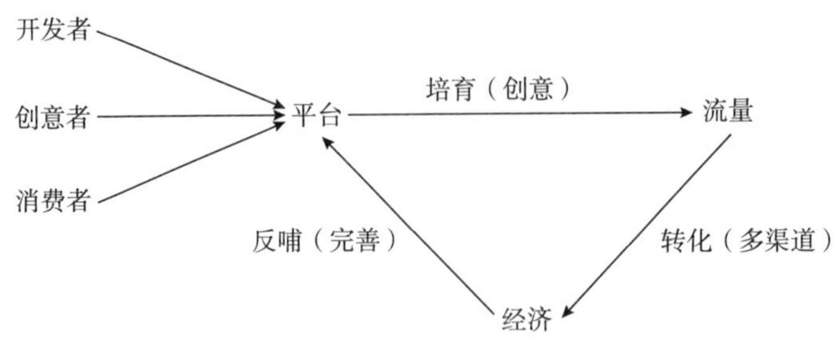

图 2　平台运营流程

（三）从 UGC 的终端运营到 PGC 的平台运营

终端是网络使用者进行内容体验必不可少的硬件设施，也是基于互联网进行创意运营的一个主要输入和汇聚场所。在终端运营中，其核心职能包括终端的生产与生态匹配，内容创意与生产，以及用户注意、体验和反馈[11]。其中，创意内容的生产与用户注意、体验与反馈是终端运营的关键因素。

1. 内容创意与生产

回顾丁真成长经历可以看出，网红丁真的出现和发展是偶然性优质 UGC 向 PGC 的一次转变，并根植于 PGC 运营中进行内容的创意与再生产。丁真内容创意源于某短视频平台，丁真在积攒超高人气后，随即转战 PGC 运营方式，并进行深耕细作，先后参与微电影、纪录片、综艺、广告等文化创意项目，不断进行了“丁真”内容的再创意和再生产。甘孜州对“丁真”网络红人现象进行快速响应，抓住热度，无偿提供冬季 67 个 A 级旅游景点的入场券，扩大了甘孜州乃至整个川西地区的旅游影响力，甘孜州也因“丁真”而进行了旅游市场推广与运营的模式创意与升级。

随着互联网技术更新与商业生态变化，网红 PGC 运营发展势头越来越强，逐渐从一般用户内容生成向专业内容生成过渡，拥有资源支持的网红更容易取得 PGC 运营的成功。丁真签约国企后，便开始与文旅产业进行深度合作。旅游形象代言人身份为其未来的长久发展提供了多重保障，“国有”旅游网红丁真的日常业务和工作主要是以宣传家乡、宣传理塘、宣传藏文化为主，并尽量保留丁真的原生态性和地方性，严格把控“丁真”PGC 运营与地方文化特色的匹配度，如拍摄宣传片《丁真的世界》、文旅环保系列短片《丁真的自然笔记》，作为嘉宾参加谢霆锋新综艺《百姓的味道》介绍四川藏族味道等。当地借助丁真网红效应，积极开展系列旅游创意的平台运营，丁真与明星大咖合作形成流量互补，成功实现当地的旅游引流，这不仅有助于地方旅游文化资源的深度挖掘和市场推广，而且极大地提升了地方旅游的品牌价值。

2. 用户注意、体验与反馈

在信息大爆发的时代，信息和数据等信息供给过剩，受众关注的焦点已成为稀缺的资源，注意力已经显现出其经济价值，未来将会有更激烈的注意力争夺战[13]。用户借助终端可对旅游创意作品进行浏览、点赞、评论及转发等网络互动，较强的参与感有助于提升用户体验。旅游创意的终端运营，一方面可以进行目标用户细分，确保用户体验质量；另一方面可以通过大数据为用户推送更多其感兴趣的旅游创意内容，适配用户终端使用习惯。网红丁真的特色化、个性化的旅游创意运营，改变了地方传统旅游市场营销逻辑，网红丁真拉近了游客与旅游地之间的情感联系，以网红经济带动地方旅游经济发展，并已成为当地乡村振兴实践的新形式。

五、基于网红经济的旅游创意运营模式探析

针对上述网红“丁真”旅游创意运营模式的分析，现对基于网红经济的旅游创意运营模式进行探析。

（一）主流价值取向是优质内容产出的根本依据

网红经济是草根文化下粉丝经济的一个分支，粉丝对网红的价值认同是维系网红经济的基础。网红经济的本质是内容产业，基于网红的旅游创意离不开技术的支撑，而创意的根本在于优质的内容。旅游创意内容应以社会主流价值观为导向，只有契合绝大多数人群审美和文化喜好的旅游创意内容，才是网红旅游创意长久存在的根本。丁真的出现是因为其激起了人们对原生、本真、纯粹和美好的向往，得到了大众的认可和共情。在互联网和新媒体传播媒介的作用下，优质网红旅游创意会产生极大的影响力，为粉丝经济的形成奠定基础，而粉丝经济又是网红旅游创意运营过程中必不可少的条件。

（二）网红与地域文化符号耦合度是关键要素

网红能否成功为旅游地代言，文化符号匹配是关键因素之一，旅游网红的打

造，需要将网红所承载的符号意义和文化内涵与旅游地地域文化进行耦合，以便消费者通过基于网红的旅游创意运营，与网红旅游代言地进行情感交互，建立情感连接，增加文化认同，并激发消费者的旅游动机和行动。

（三）IP 价值持续多次元开发是创意运营的决策路径

以网红为基础的旅游创意运营，将丁真作为甘孜网红旅游创意的核心人物，其未来创意内容的生成和创作仍需继续把握好创意品质，避免内容的庸俗化和低俗化。同时，还应该注重“丁真”IP 旅游创意的培育与开发，以 IP 经济促进当地旅游创意运营模式的进一步升级。网红旅游创意 IP 的培育是在旅游创意模糊前端的基础上，依据旅游消费者特征及需求偏好，对旅游创意内容进行细节设定与内容再生产，实现网红 IP 旅游创意持续多次元开发，利用持续不断的曝光等宣传手段来增加网红 IP 旅游创意热度，吸引粉丝、增加粉丝黏性、提高粉丝忠诚度。

（四）优质专业团队是创意运营的智力支持

网红经济下的旅游创意运营，需要资源多、门路广、懂宣传、会谈判、熟知法律的专业经纪人团队来智力支持，通过寻找市场机会、公关策划、社会资源整合、市场开拓、发布信息审核、舆情监控与反馈、应急处理制度制定等相关工作，为网红旅游创意运营保驾护航。

（五）全平台资源开放与整合是创意运营的实现手段

基于互联网技术的旅游创意运营，关键点在于引流，通常网红具备自带热点和流量的特征，文旅部门的自身优势可为基于网红经济的旅游创意运营提供更多社会资源，旅游经济与网红经济的融合是“资源+流量”的再整合，既是实现旅游创意运营的有效途径，也是网红可持续发展的较优选择。甘孜理塘文旅局抓住机会，敏锐地接棒“丁真”流量，带动地方旅游跨越式发展，为各地旅游创意运营提供了范本和经验。

（六）网红自身素质提升是内在保障

作为公众人物的网红，需格外注意公众形象，不可有违背社会公序良俗的不端行为和不当言论。网红的知名度和持久度是基于网红经济进行旅游创意运营的重要考量点，网红一旦失去市场，那么其在旅游创意运营中将很难发挥效用。丁真成名后，在其团队的支持下，不断进行文化知识的学习，以提高自身内在素养来维护公众形象，充实自己的同时持续为粉丝带来新鲜感，从而获得了较为长久的人气。因此，基于网红的旅游创意运营，需兼顾自身利益与社会责任，树立和输出正确价值观，推广符合社会主流审美价值的产品和服务，营造健康积极的粉丝经济环境。

（七）旅游价值共创是创意运营的最终目标

旅游创意运营是以实现其创意的文化价值和商业价值为目标的，网红带动下的旅游创意通过引流和网络流量变现，促进地方文化传播与旅游经济的发展。在该运营模式下，从文旅部门到网红本人、从线上到线下、从创意生产者到消费者，都实现了全产业链和价值链的资源整合与创新。因此，不论通过何种模式的旅游创意运营，终极目标都是旅游价值的共创与共赢，其所创造的价值也会反哺于网红经济下旅游创意运营模式新一轮的价值创新。基于网红经济的旅游创意运营模式流程如图 3 所示。

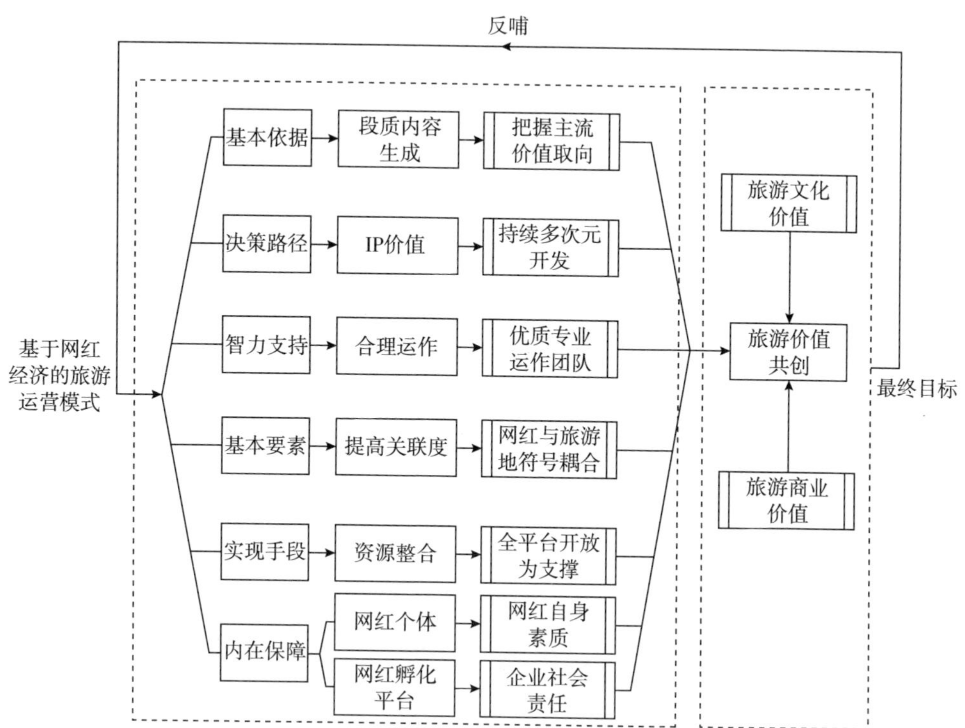

图 3　基于网红经济的旅游创意运营模式流程

六、结论与启示

（一）结论

本文以具有典型性和代表性的网红丁真为例，从网红经济视角剖析旅游创意运营模式，“丁真效应”的形成很大程度上归功于其身后的旅游创意运营模式，否则，丁真也许会像大多数网红一样“昙花一现”，从此消失在大众的视野。借助“平台+内容+终端”的垂直生态运营体系，在“丁真”旅游创意运营中发挥了重要作用。

1. 内容生产的持续与丰富

在旅游创意运营方面，文化环境对个性的需求日益明显，以网红为主的短视频的出现让受众主导权、文化主导权从精英逐渐向普通民众倾斜，旅游网红不断推出个性化创意内容是吸引粉丝的重要手段，而网红 IP 的培育与开发是众多旅游创意内容运营中最重要的方式之一。

2. 传播渠道的连接与推广

在网络平台的运作下，用户可以利用“社交媒体”和“自媒体”等平台进行信息生产、开发、传播和消费。一方面，该技术革新使网民能够在旅游网红话题出现时，及时参与其中；另一方面，社会资源也是一种平台，得到政府力量与有影响力的社会力量的支持后，会增强旅游网红的曝光量与可信度，从而带动地方旅游的宣传与推广。

3. 终端入口争夺的引流与变现

运营过程是一个不断迭代的过程，是从旅游 KOL 模式到 UGC 模式再向 PGC 模式发展的过程。旅游创意运营通过网红引流获得关注，并将关注者的注意力转化为货币力量，其背后的逻辑是终端入口争夺的引流与变现。在该过程中需要不断地协调各方资源、有机整合内外部环境要素、变换不同运营手段、采取不同类型的营销方式，让其达到一个相对平衡并能稳中求进的状态。

（二）启示

1. “运营前置”思维是网红旅游创意运营模式的前提条件

在流量随时都会产生、转移的时代，需尽早投入到旅游地前期的建设与运营中。网红事件运营中的“运营前置”思维可以在运营早期将投资、业态、规划、建设、推广、营销考虑进去，以避免后续运营中因旅游基础设施和条件的欠缺带来的弊端。甘孜州在丁真出现之前一直在旅游开发方面做着各种努力，这为丁真的引流打下了良好基础。基于网红经济的旅游创意运营，需要各个环节的相互配合，以及上下游产业的连接，才能实现合作共赢。

2. 捕捉旅游创意运营内容创新的先发优势

人们对首发的新鲜事物往往会表现出较大热情，但随着基于网红的旅游创意运营模式的成熟，其内容的可复制性和可模仿性风险逐渐增加，在旅游网红市场进入白热化竞争后，网红旅游创意的关注度将会极大地削弱。当 N 个丁真被效仿时，因边际效应递减，将无法再满足消费者的猎奇心理与个性化需求。因此，网红经济下的网红内容创意创新是维持网红自身旅游商业价值的重要手段。

3. 防止资本驱动旅游网红的过度商业化

丁真能够被大众所关注与喜爱，并能够在近四年的时间里取得相对稳定的发展，是因为在其运营过程中，其运作团队较好地平衡了“丁真”的文化价值与商业价值，防止资本驱动旅游网红，出现过度商业化的情形。旅游网红“丁真”不断助力家乡旅游发展，为乡村振兴尽了绵薄之力，并在该过程完成了自我价值的实现。

参考文献

［1］中国互联网络信息中心．第 48 次《中国互联网络发展状况统计报告》［R］．2021.

［2］李丹．基于注意力视角分析网红经济商业模式运作［D］．长沙：湖南大学，2019.

［3］敖鹏．网红为什么这样红？——基于网红现象的解读和思考［J］．当代传播，2016（4）：40-44.

［4］沈霄，王国华，杨腾飞，等．我国网红现象的发展历程、特征分析与治理对策［J］．情报杂志，2016，35（11）：93-98+65.

［5］王卫兵．网红经济的生成逻辑、伦理反思及规范引导［J］．求实，2016（8）：43-49.

［6］张京成．中国创意产业发展报告（2019）［M］．北京：中国经济出版社，2014.

［7］韩向阳．城市 IP 的开发与运营策略研究［D］．北京：中国社会科学院大学，2021.

［8］曹梦婷，朱晓辉．旅游 IP 发展现状探究［J］．中国市场，2018（35）：70-78.

[9] 王宁. 我国网络文学 IP 运营研究 [D]. 武汉：武汉大学，2017.

[10] RAMIREZ R. Value co -production: Intellectual origins and implications for practice and research [J]. Strategic Management Journal, 1999, 20 (1): 49-65.

[11] 杨永忠. 创意管理学导论 [M]. 北京：经济管理出版社，2018.

[12] 耿倪帅，解学芳. 注意力经济时代网红营销模式的发展 [J]. 青年记者，2020 (14): 104-105.

[13] 李小铃. “使用与满足”理论视角下丁真的走红现象分析 [J]. 新闻文化建设，2021 (7): 161-162.

[14] GOLDHABER M H. The attention economy and the net [J]. Fiest Monday, 1997, 2 (4): 4-7.

Research on Tourism Creative Operation Mode Based on Internet Celebrity Economy

—Enlightenment from the Case of Ding Zhen

Xin Sun　Tingting Yang

Abstract: The rapid development of internet technology, the sinking of cultural of creative markets, and changes in consumer attitudes have laid the foundation for the formation of the internet celebrity economy. Since the birth of the concept of internet celebrity, countless internet celebrities have emerged. However, most internet celebrities are fleeting and quickly disappear from public view. Only a very few internet celebrity teams can grasp the long-term operation path. This article starts from the theories of internet celebrity economy and operation mode, and takes the typical successful case of "Ding Zhen" in recent years as an example, to analyze the specific operation mode of "Ding Zhen" in the creative operation of tourism in Ganzi. On this basis, the tourism creative operation model based on the internet celebrity economy was explored from seven aspects: Content creativity, cultural symbol coupling, multiple meta development of internet celebrity IP, high-quality professional team, full platform resource opening and integration, internet celebrity's own quality and tourism creative value co creation, and corresponding conclusions and inspiration were drawn. To provide some reference for the creative operation and value innovation of tourism based on the internet celebrity economy.

Key words: Internet celebrity economy; Tourism creativity; Operation model; IP; Ding Zhen

新时代热贡唐卡的创新探索

——以《缘起凉州会盟》系列唐卡画卷为例

◎ 那　禛*

摘要： 文化产业正迎来蓬勃发展，而蕴含在中国传统文化长河中的少数民族非遗文化更是熠熠生辉。其中，热贡唐卡作为非遗文化热贡艺术中的一支，以其独特的表现方式和鲜艳的矿物色彩而闻名于世。本文主要介绍热贡唐卡概况和市场现状，并以《缘起凉州会盟》系列唐卡画卷为例着重介绍新时代热贡唐卡在主题、表现形式、创作过程和绘制技艺上的创新探索和实践。创新探索不仅丰富了热贡唐卡的艺术内涵，也为传统文化艺术的传承和发展注入了新的活力，让热贡唐卡产业的发展有了更多的可能性。

关键词： 热贡唐卡；非遗艺术；创新；文化创意

习近平总书记在庆祝中国共产党成立 95 周年大会上指出，文化自信，是更基础、更广泛、更深厚的自信，是更基本、更深沉、更持久的力量。[1] 在五千多年文明发展中孕育的中华优秀传统文化，积淀着中华民族最深层的精神追求，是中华民族独特的精神标识，文化强国被列为到 2035 年我国发展的总体目标，不断推进文化自信自强，铸就社会主义文化新辉煌，提升国家文化软实力，成为文化发展的重要要求。[2] 这为文化产业构筑了历史性的机遇和创造性的发展平台。优秀传统文化不仅在历史长河中焕发光彩，更需要文化产业推波人不断努

* 那禛，工商管理硕士，金格格文化创意成都有限公司创始人（jennyna24@ 163. com）。

力，把文化资源转化为文化优势，从商业化角度对文化价值进行发现、挖掘、呈现和延伸，以实现文化价值和经济价值的综合价值最大化。在时代背景下，热贡唐卡艺术文化产业蓬勃发展，在建立民族文化自信方面起了重要的作用。

热贡艺术中的热贡唐卡这种用彩缎装裱的卷轴画除了具有宗教价值之外，还拥有独特的历史价值、美学价值和经济价值。2006 年，热贡艺术被列入第一批国家级非物质文化遗产代表性项目名录；[3] 2009 年入选联合国教科文组织人类非物质文化遗产代表作名录；之后其在国内外收藏品市场大放异彩。[4]《缘起凉州会盟》系列唐卡画卷的创作体现了新时代的热贡唐卡产业创业人对热贡唐卡的一次创新和探索过程。

一、热贡唐卡概述

本节将介绍唐卡，尤其是热贡唐卡的相关概念、分类及创作过程。

（一）唐卡简介

唐卡属于我国藏族“五明文化”中的工巧明，五明文化囊括大五明和小五明，大五明包括内明、因明、声明、医学明和工巧明，小五明包括修辞学、辞藻学、韵律学、戏剧学和星象学。起初唐卡作为藏传佛教的宗教绘画艺术，是藏族宗教生活中的必需品。关于唐卡的起源，学术上并无定论，但可以推论出的是，印度佛教画、汉唐至宋元的中原画作、藏地本土宗教苯教画等都与唐卡的形成有着密切关系。目前，我国唐卡多被分为四种最具影响力的画派：曼唐画派，形成于西藏山南地区；钦泽画派，以“恶相”怒像神为主；噶玛噶孜画派，吸收了中原青绿山水画特色；新曼唐画派，画面富丽堂皇，注重对金的使用。如今，新曼唐派逐渐成为藏区唐卡绘画的主流画派。热贡唐卡也发扬于新曼唐画派。

（二）热贡唐卡

热贡艺术发祥于青海省黄南藏族自治州历史文化名城同仁市，同仁，藏语称为“热贡”，意为“梦想成真的金色谷地”。热贡艺术主要指唐卡，唐卡一词源于藏语，指用彩缎装裱的卷轴画、壁画、堆绣、雕塑等为形式，以藏传佛教、神话故事、藏族史诗、藏医藏药、天文地理及传统知识为内容的造型艺术。2016 年，“热贡唐卡”获批国家地理标志保护产品，[5] 被誉为“我国民族艺术宝库中一颗瑰丽的明珠”。热贡唐卡作为热贡艺术中的核心部分，具有鲜明的艺术风格，承载了我国西部雪域高原灿烂的文明与历史，具有特殊的价值与意义。

热贡唐卡从表现手法上可以分为彩绘唐卡（黑唐、红唐、金唐）、珍珠唐卡、堆绣唐卡、宝石坠制唐卡等。

（三）热贡唐卡创作过程

唐卡绘制技艺过程分为 4 个阶段 16 个步骤，分别为筹备阶段、起稿阶段、着色阶段和装裱阶段，步骤分为筹备阶段的制作画笔、选料裁布、上框绷撑和涂胶打磨，起稿阶段的确定画心、构思布局、碳绘轮廓和底线定稿，着色阶段的磨料调色、添色晕染、勾线描金和开眼写藏，最后装裱阶段的锦缎镶边、缝挂遮幔、装置天杆和择日开光。

唐卡创作前，画师会进行诵念经文等宗教仪式、持戒沐浴，静心冥想，为以下四个阶段做准备。

1. 筹备阶段

（1）制作画笔。画师会在筹备阶段根据即将作画的内容和尺寸确定画笔的制作，比如打底稿的炭条、勾线的勾线笔、涂色的小排笔等。原始唐卡的绘制需要通过采集动物毛发自行制作画笔，而如今的画笔多用铅笔、狼毫、排笔等代替。

（2）选料裁布。画布多采用白棉布，根据所绘的画面尺寸进行裁布。

（3）上框绷撑。选好的白棉布用麻做线，“之”字形绳路将画布绷紧固定在画框上。定制画框是指按照唐卡尺寸确定画框大小，以前采用木头材质手工制作，现在热贡地区的画师们普遍采用方形管制作画框。

（4）涂胶打磨。涂胶打磨则主要是为了准备画布，一般用石头、碗口或者贝壳、海螺等光滑之物反复摩擦打磨并涂抹骨胶。画布以平整、均匀、不透光为准，直至肉眼难辨画布纹理。

2. 起稿阶段

（1）确定画心。画师需要首先在绷好的画布上绘制定位线，如绘制对角线等辅助线来确定画心，以助于后续画面内容的布局。

（2）构思布局。根据唐卡的题材确定画面内容的布局和构图。

（3）碳绘轮廓。起稿构图，需要按照“三经一疏”（《佛身影像相》《画法轮》《身影量像相》三部经和《等觉佛所说身影量释》一部注疏）的严格规范。特别是造像类唐卡，对佛像的眉眼身形比例有严格的规定。

根据绘制的定位线，用碳条勾勒出主、次佛像、法器，以及周边菩萨、护法神、宫殿寺庙、行云流水、飞禽走兽、林木花草等轮廓，此图称为白图。

（4）底线定稿。白图之后用淡墨线勾画定稿，此为黑图。

3. 着色阶段

（1）磨料调色。根据画面需要的颜色研磨天然矿物、植物直至粉末状，包括金箔制金、绿铜矿、绿松石制绿、朱砂制红、雄黄石制黄、白矿石制白等。

（2）添色晕染。添色晕染，主要先画景色、水泊、山石、云雾等。一次只能上一种颜色，且要先上浅色后上深色。佛像需先绘莲花座，再画衣饰，最后给肌肤上色。分色晕染使描绘对象颜色分明、错落有致，呈现出极强的凹凸立体感。

图 1 为唐卡颜料，图 2 为绘制唐卡。

图 1　唐卡颜料

资料来源：笔者拍摄。

（3）勾线描金。用金勾线，用金，是热贡唐卡的特色。主要在彩绘唐卡（金唐、黑唐、红唐）中运用广泛。用金技艺体现在画金和贴金两个方面，画金时画师需要先将纯金磨成细粉，加入水和胶，笔尖蘸金，绘制勾勒唐卡细节；贴金时画师需要用袖珍皮袋将铅粉油膏塑造成设计好的图样，沥粉线微微凸起，再用水胶贴上金箔，用绸锦织物轻轻按实即成。娴熟的用金技艺，使整个画面金碧辉煌，气度非凡。

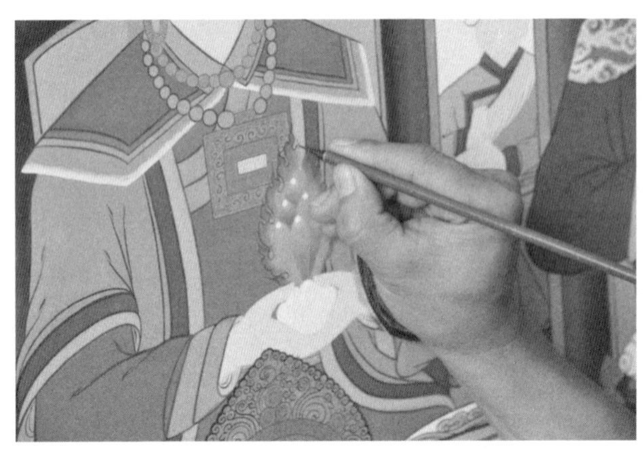

图 2　绘制唐卡

资料来源：笔者拍摄。

（4）开眼写藏。佛像开眼，是绘制唐卡过程中十分重要的一步，类似国画中的“画龙点睛”，标志着唐卡的绘制完成。通常会由较为娴熟的画师完成。

4. 装裱阶段

（1）锦缎镶边。需要将绘制好的唐卡从画框取下，并在画面周围缝裱锦缎，藏语称为“贡夏”，其规格尺寸有固定比例。装裱的手法包括锦缎、堆绣等。

（2）缝挂遮幔。锦缎镶边后的唐卡需要再缝挂一层遮幔，以便唐卡的收藏。

（3）装置天杆。再添置天杆，作为卷轴方便唐卡的收藏和悬挂，天杆有金属制、木制等。

（4）择日开光。进行加持开光是唐卡完成的最后一步，特别适用于宗教题材的唐卡，高僧大德协助举行开光仪式。通过开光的唐卡，被认为与真佛具有同等法力。至此，一副唐卡才算完成。

二、热贡唐卡的市场现状

（一）热贡唐卡传承方式

从传承方式角度来看，热贡唐卡以最开始的寺院僧人创作为主，发展到家庭作坊创作，再到如今基于张明艳的研究，热贡艺术唐卡传承已经形成了家庭作坊、传习中心、企业齐头并进的局面。[6] 且从 2001 年起，热贡唐卡被青海民族大学艺术学院设置为本科专业，学校也加入了传承唐卡的队伍。截至 2022 年，同仁市实际批建热贡文化传习中心 28 个，其中唐卡传习中心（所）11 个。在传承人方面，同仁市现有国家级非物质文化遗产项目代表性传承人 11 人（其中 7 人是热贡艺术代表性传承人，分别是更登达吉、启加、西合道、娘本、夏吾角、罗藏旦巴、桓贡），省级工艺美术大师 88 人，省级非遗传承人 15 人。值得一提的是，在首届人类非物质文化遗产唐卡艺术精品展中亮相的 14 名国家级工艺美术大师中，11 名大师来自青海省黄南藏族自治州，其余 3 名来自西藏和四川。由此可见，热贡唐卡在国内唐卡产业中占有举足轻重的地位。近年来，热贡地区找准文化与经济交汇点，立足地域实际，不断推进热贡艺术传习所建设和传承人培养，唐卡产业得到了整体性保护和发展。

（二）热贡唐卡市场规模

产业规模上，2015 年黄南州唐卡文化产业年产值达到 2.5 亿元左右。从 2015 年的数据来看，黄南州唐卡文化产业产值占黄南州文化产业产值的 46.6%，唐卡从业人员占文化产业从业人员的 73.3%，热贡唐卡是黄南州文化产业的重要组成部分。

热贡唐卡市场主要供给者为传习中心、唐卡画师家庭作坊和热贡唐卡企业。根据调研，由于目前唐卡的主要生产销售方式为家庭作坊自销和企业自销，因而热贡唐卡的销售量和产值等市场规模指标的数据统计较为困难。同仁市文化局的数据显示，同仁市文化收入由 2016 年的 5.15 亿元增长到 2020 年的 9.92 亿元，年均增长 17.8%；截至 2021 年底，同仁市文化从业人员达到 2.1 万余人。

（三）龙头企业发展模式

笔者实地调研了热贡地区唐卡龙头企业、小微企业及部分唐卡画师家庭作坊，包括龙树画苑、热贡画院、同仁热贡於菟文化艺术有限公司、才让东周家庭作坊等。详细调研龙头企业后笔者发现，龙头企业的运作模式具有一定的特殊性和不可复刻性。例如，热贡画院的企业负责人娘本为中国人民政治协商会议第十三届青海省委员会委员，第一批国家级非物质文化遗产项目热贡艺术代表性传承人，中国工艺美术大师，在海内外均享有大师声誉，其画一画难求。面对市场的需求，这部分龙头企业负责人便展开了“学徒作画、大师指导、画院出品”的模式，画院招收热贡地区大量学徒，作为传习中心共同学习唐卡技艺，以学徒成熟度区分，分别参与唐卡白描、填色、描金等不同步骤的绘制，而大师则负责对接市场的需求、指导作画及部分唐卡绘制工作，最后唐卡作品以画院的名义出品完成交付。因此，在大师指导下学徒完成画作，以画院名义供给市场的发展模式应运而生。

（四）热贡唐卡产业的局限性

调研发现，由于热贡唐卡的技艺特殊性，画师坚持手工绘制，一名成熟画师完成一幅标准尺寸（50 厘米×70 厘米）唐卡需要 3 个月左右。而唐卡学徒从拜师学习到完全独立绘制时间较长，热贡地区很多画师是从 7 岁开始学艺，到 20 岁左右开始独立作画，之后进入全盛创作时期，直至 45 岁后因视力下降不得不停止绘制。因此，热贡唐卡的绘制生产十分受限。热贡唐卡的多数买家为佛教信徒，大多数来自少数民族地区，因此唐卡的“破圈”，受到一定唐卡题材的限制。

三、热贡唐卡产业的传承与创新

本节将以《缘起凉州会盟》唐卡画卷为例，阐述热贡唐卡产业的传承与创新。

（一）《缘起凉州会盟》唐卡画卷介绍

中华民族共同体意识是国家统一之基、民族团结之本、精神力量之魂。习近平总书记在全国民族团结进步表彰大会上指出：一部中国史，就是一部各民族交融汇聚成多元一体中华民族的历史，就是各民族共同缔造、发展、巩固统一的伟大祖国的历史。在蒙藏两族交往交流交融对我国多元民族一体化和多元地域统一化过程中做出的重大贡献方面，特别列举了凉州会盟和元代设宣政院管理西藏。纵观蒙藏关系发展史，蒙古族和藏族两个民族对共同书写中华民族共同体历史和推进藏传佛教中国化方向做出了突出贡献，归纳起来有五个重要历史时期，即阔端与萨班、忽必烈与八思巴、俺答汗与三世达赖、固始汗与五世达赖及四世班禅、察罕丹津与一世嘉木样时期。这五大重要历史时期既和我国的元史、明史、清史等断代史有关，又和内蒙古、西藏、青海、新疆等地方史密切相连。挖掘、整理、宣传蒙藏两族友好往来、交融汇聚的历史事实，正确评价其中对中华民族团结统一做出巨大贡献的著名历史人物，客观分析重大历史事件对缔造统一的多民族国家和丰富中华灿烂文明中的推进作用，无论在学术上，还是在现实政治上都具有重要意义。《缘起凉州会盟》集中反映了蒙藏关系发展史中五大重要历史时期，分别由《遇见凉州》《大都宣政院》《青海湖之约》《葛根固始汗》《结缘吉祥滩》五部分组成，通过挖掘、整理古籍文献时代价值，以古籍资源成果转化、利用、复原、图解的艺术表现手法，重塑再现了对中华民族团结统一历史进程起到重大推进作用及做出卓越贡献的阔端、萨班等 11 位著名历史人物的亲密友好历程和重大历史事件，实体化、形象化地展现了各民族不断交往交流交融，主动融入中华民族共同体家园和共同推进藏传佛教中国化方向的历史进程，对“宣传西藏自古以来各民族交往交流交融的历史事实”[7] “深入开展西藏地方和祖国关系史教育，引导各族群众树立正确的国家观、历史观、民族观、宗教观”[8] “筑牢各民族‘三个离不开’‘五个认同’的中华民族共同体意识”具有重要激励作用。《缘起凉州会盟》唐卡绘制如图 3 所示。

图 3　《缘起凉州会盟》唐卡绘制

资料来源：笔者拍摄。

（二）从《缘起凉州会盟》谈当下唐卡作品创新性

《缘起凉州会盟》系列唐卡画卷采用热贡唐卡彩绘艺术形式表现。作品追求传统与现代、传承与创新相结合，充分体现热贡唐卡的艺术特质，运用彩色技法突出重要历史人物的会面场景，分别选用黑唐、蓝唐、金唐、彩唐和红唐等表现手法反映不同地域风貌和不同历史事件。画面中的色彩搭配、画幅比例及明暗过渡互相补充和呼应，达到人物勾画细腻、事件反映完整、整体构图饱满、画面色泽艳丽的唐卡艺术效果。每幅作品净高 1.6 米，宽约 4.5 米，描绘了近百处场景，人物近千人。绘制过程中聘请了 5 名省级以上民间工艺美术大师、非遗传承人等 30 多位画师团队。《缘起凉州会盟》系列唐卡画卷之《遇见凉州》如图 4 所示。

图 4　《缘起凉州会盟》系列唐卡画卷之《遇见凉州》

资料来源：笔者拍摄。

1. 唐卡主题的创新

在唐卡的选题方面，《缘起凉州会盟》立足中华民族共同体意识，通过深挖史料，展现了不同历史时期下的同一主题，在内容上融入蒙古族和藏族的历史，题材上有所创新。综观当下热贡唐卡的作画主题，越来越多的画师在进行选材上的突破。例如，《生肖系列唐卡》融入了生肖文化，大型唐卡《民族团结一家亲》描绘了我国各族人民共庆盛世的画面。当下的热贡唐卡不仅在逐步融入多元文化，反映时代发展，并且迎合市场需求等进行主题创作，弱化了唐卡的宗教标签，强化了美学价值和中华民族共同体意识的宣传价值。

2. 创作过程的创新

与传统唐卡不同的是，像《缘起凉州会盟》这样的创新性唐卡在创作过程中更注重对内容的打造。以《缘起凉州会盟》为例，该系列创作团队参阅古今中外汉、蒙、藏等相关文献60余篇，先后赴西藏的拉萨、日喀则、萨迦，甘肃的武威、天祝、夏河，内蒙古的呼和浩特、阿拉善和青海的海西、共和，河南，蒙古族自治县等地进行实地考察和印证。作品从组织策划、资料搜集、档案整理、构图设计到唐卡绘制历时六年，其中组织策划、资料搜集、档案整理、构图设计占据整个作品创作过程时间的大半部分。

3. 绘制技艺的创新

《缘起凉州会盟》画面主人物采用传统彩绘与黑唐、红唐、金唐、蓝唐等的创新性结合。同时，部分画师在画风上也适当融入了汉地工笔画、蒙古地区草原画风等特征，在非宗教题材上，画风上的丰富度有显著提升。

除了创作技法上的创新，唐卡画师还特别注重绘制材料上的创新。例如，《基于传统热贡与防水透明唐卡的创新研发》等项目突破了唐卡作品在潮湿、暴晒等环境下的保存难题。

（三）热贡唐卡的工匠精神

过去，一代代唐卡的绘画大师们往往是笃信灵魂不灭，相信因果报应、轮回转生、修行成佛的僧人或信徒，当他们虔诚地拿起画笔时，总渴望能够通过自己的神笔体现佛的至善至美。当佛的精神糅合画师的情感，艺术与宗教完美结合时，宗教艺术的美就成了信仰的对象。[9] 如今，新时代热贡唐卡画师对工匠精神有了新的诠释。例如，对于《缘起凉州会盟》系列唐卡画卷而言，是对传统史料的再挖掘和新运用，是历史烙印与艺术探索的有机结合，如果说完成一幅唐卡是用笔尖修行、用色彩祈祷，那么像《缘起凉州会盟》这样的历史题材新唐卡诠释着“让书写在古籍里的文字都活起来”的执着，目的在于让学术成果走向大众，让大众了解古籍文献的时代价值，不断创新和探索唐卡本身赋予的历史价值、社会价值、美学价值和经济价值。

四、热贡唐卡发展启示

现阶段的热贡唐卡市场是在现有唐卡宗教价值基础上形成的。我们正经历百年未有之大变局，我国文化产业仍处于大有可为的重要战略机遇期，2021 年文化产业营业收入达 119064 亿元，比上年增长了 16%[10]。市场发展态势良好，泛泛文化阶层（PPCC）的兴起，产生了三个没有“天花板”的需求，一个是新奇的消费，一个是美学的消费，一个是本我的消费，为文化品牌创新提供了新的机遇[11]。因此，除了热贡唐卡的宗教价值，在这样的环境下，如何让热贡唐卡民族文化创意满足新奇、美学和本我这样的需求，以及挖掘出更多适应新时代的美学价值，并实现文化价值和经济价值的综合价值最大化，是当代唐卡产业创业人需要进行的创新探索。

（一）以优质内容为导向

拓宽唐卡的内容范围，从历史、文化甚至当代流行文化中挖掘优质的内容作为热贡唐卡的创作题材。保留唐卡的创作过程和绘制手法，将热贡唐卡的匠人精神与优秀的内容结合起来，突破题材的限制，营造符合中华民族的非遗艺术创新探索。例如，《缘起凉州会盟》系列唐卡画卷以中华民族共同体意识为主线进行创作；《山水黄南》以黄南藏族自治的山水景色为内容，挖掘地方特色，描绘热贡山水。

内容题材的突破会让唐卡突破“宗教画”的标签，以更全面的内容支撑、打开唐卡的市场。

（二）生活美学方面的探索

除了在内容上对唐卡绘制进行创新，也可以从唐卡的应用场景上下功夫。除了应用于宗教场合，唐卡艺术也可以走进生活，成为每个人都可以欣赏的艺术作品。因此，除了要突破宗教题材内容上的限制，还可以从生产方式批量化进行创新。

生产方式上，绘制唐卡所需的时间和精力铸就了唐卡的市场价值。然而，随着科技技术的发展和进步，对画师作画后的唐卡进行扫描和批量化印制已然不是难题。批量的生产会大大降低了唐卡的创作成本，为新唐卡作为装饰画走进万千家庭奠定良好的基础。

《缘起凉州会盟》系列唐卡画卷之《青海湖之约》如图 5 所示。

图 5 《缘起凉州会盟》系列唐卡画卷之《青海湖之约》

资料来源：笔者拍摄。

（三）数字化发展的创新

除了在内容上对唐卡绘制进行创新，绘制手法上的创新也颇有发展前景。目前，绝大多数唐卡画师手工绘制唐卡，与非遗传习中心、学校教育相关。随着文化数字化的发展，小部分画师已经开始探索数字作画的模式。数字化唐卡为唐卡产业多元发展提供了方向。例如，敦煌艺术与王者荣耀游戏中英雄皮肤的联名共创，让莫高窟的飞天壁画艺术成为年轻人热爱的游戏人物的穿着风格，这种探索无疑是成功的。那么，同样作为中华文化的瑰宝——热贡唐卡，凭借独特的艺术风格是否也可以在数字化发展上有所创新，是我们值得探索的方向。

（四）旅游文创的探索

除了在题材技法等方面对唐卡绘制进行创新，也可以尝试进行唐卡产品多元化的创新探索。例如，四川三星堆的青铜面具创意雪糕、拼图、团扇、台历等。让唐卡通过元素化的方法，以其他产品形式呈现出热贡唐卡艺术的风采。目前，黄南藏族自治州正在进行同仁唐卡艺术小镇的打造，包括加查么村、吾屯上庄村和吾屯下庄村，小镇规划区覆盖了隆务寺附属寺院吾屯上下寺、吾屯古屯堡、热贡文化产业园区，规划面积 2.80 平方千米，其中建设用地面积 1.33 平方千米，唐卡小镇的打造无疑将会为热贡地区的旅游发展做出贡献，而日益增长的旅游文化收入也将促进旅游文创的消费增加。根据笔者的调研，在唐卡产品多元化方面，热贡画师已经开发了叶脉唐卡艺术品（在叶片上作画）、以热贡堆绣艺术制作的杯垫等，产品形式小巧精美，为热贡唐卡产品多元化探索提供了新思路。

五、总结

“梦想成真的金色谷地”——热贡是笔者的故乡，热贡艺术中的唐卡便是这片热土献给世界文化领域的一颗璀璨的宝石。目前热贡唐卡以其神秘的宗教价值闻名，“在画面祈祷，在笔尖诵经”是热贡唐卡的独特特色。笔者坚信，热贡唐卡不仅拥有宗教价值，其美学价值更是有待市场来深挖。作为优秀的中华传统文化，热贡唐卡走过悠久的历史，并在今天与现代生活接轨，焕发出新的生机与活力。作为当代唐卡文化的创业者，如何做好传承与创新，让热贡唐卡在新时代面对百年未有之大变局乘风破浪，便是我们探索的方向和前进的动力。

参考文献

［1］习近平在全国民族团结进步表彰大会上发表重要讲话［EB/OL］．［2019-09-27］．http：//www. gov. cn/xinwen/2019-09/27/content_5434024. htm.

［2］习近平．高举中国特色社会主义伟大旗帜　为全面建设社会主义现代化国家而团结奋斗——在中国共产党第二十次全国代表大会上的报告［EB/OL］．［2022-10-16］．https：//movement. gzstv. com/news/detail/HzKedE/.

［3］人类非物质文化遗产代表作名录［EB/OL］．https：//www. ihchina. cn/directory_details/11824.

［4］国务院．国务院关于公布第一批国家级非物质文化遗产名录的通知［EB/OL］．［2006-05-20］．http：//www. gov. cn/zhengce/content/2008-03/28/content_5917. htm.

［5］黄南藏族自治州人民政府．“热贡唐卡”获批国家地理标志保护产品［EB/OL］．［2016-04-22］．http：//www. huangnan. gov. cn/html/contents/18/1667. html.

［6］张明艳．热贡唐卡文化产业发展研究［D］．北京：中央民族大学，2018.

［7］喜饶尼玛．讲好身边的民族交往交流交融故事［EB/OL］．［2023-05-09］．http：//www. tibet. cn/cn/index/mjzl/202305/t20230509_7411739. html.

［8］次仁旺姆．深入开展西藏地方与祖国关系史教育　铸牢中华民族共同体意识［EB/OL］．［2020-10-26］．http：//www. tibet. cn/cn/rediscovery/202010/t20201026_6878553. html.

［9］鄂崇荣．高原彩虹［M］．上海：上海锦绣文章出版社，上海文化出版社，2020.

［10］国家统计局．中华人民共和国 2021 年国民经济和社会发展统计公报［EB/OL］．［2022-02-28］．http：//www. stats. gov. cn/tjsj/zxfb/202202/t20220227_1827960. html.

［11］杨永忠．泛泛文化阶层在中国崛起［EB/OL］．［2021-12-11］．https：//k. sina. com. cn/article_7517400647_1c0126e4705901zh8t. html.

Innovative Exploration of Regong Thangka in the New Era

—Taking Liangzhou League Thangka Series as an Example

Zhen Na

Abstract: The cultural industry is ushering in vigorous development, and the intangible cultural heritage of ethnic minorities contained in traditional Chinese culture is a shining treasure. Among them, Thangka art (thangka, refers to scroll paintings framed with colored satin), as one of the intangible cultural heritage Regong arts, is famous for its unique expression and bright mineral colors. This article will mainly introduce Regong Thangka and its market status, and will take the Thangka series of "Origin Liangzhou League" as an example, focusing on the innovative exploration and practice of Regong Thangka in the new era in terms of theme, expression, creative process and painting technique. Innovative exploration not only enriches the artistic connotation of Regong Thangka, but also injects new vitality into the inheritance and development of traditional arts, making the development of Regong Thangka industry stands with more possibilities.

Key words: Regong Thangka; Intangible cultural heritage art; Innovation; Cultural creativity

创意管理评论 · 第9卷
CREATIVE MANAGEMENT REVIEW, Volume 9

创意产业实践

Creative Industry Practice

CREATIVE MANAGEMENT REVIEW

穿越百年奥运会开幕式点火仪式看国际大型活动创意策划

◎ 梁振运*

摘要： 奥运会的创意并非高不可攀，奥运会的策划也并非遥不可及。回顾国际盛典关键时刻的核心创意，我们更有信心认为“从寻找到发现，创意来源并不那么难；从灵感到创意，天马行空，可以让创意无限；从梦想到构想，脚踏实地，创意就能实现”。

关键词： 百年奥运会；创意；策划

我大学毕业时生逢盛世，参与了奥运会、亚洲运动会、世界大学生运动会的开、闭幕式工作，创业后又参与了全国运动会、世界中学生运动会开、闭幕式等活动的创作工作，还担任了湖北省运动会、福建省运动会开、闭幕式等项目的总制作人。

在奥运会的工作中，流行一句脍炙人口的名言：“奥运会开幕式成功，奥运会就成功了一半。而点火仪式成功，开幕式则成功了一半！”可见，点火仪式是奥运会开幕式的核心一环，是国际大型活动的“点睛之作”。由此，我以《奥运之睛》为题，以历届奥运会开幕式点火仪式为着眼点，评说国际大型活动的创意策划。让我们一起化作翱翔于天际间的鲲鹏，穿越百年奥运，回顾历届奥运会

---

* 梁振运，广东振远文化集团董事长，广州广告行业协会执行会长，博士研究生，广州亚洲运动会开闭幕式运行主任，广东省十大经济风云人物。

点火仪式的关键时刻！

一、创意的呈现

1. 1976 年蒙特利尔奥运会：奥运圣火的首次太空之旅

第 21 届蒙特利尔奥运会的点火仪式，被称为最科幻的奥运会点火仪式。为什么呢？

在 20 世纪中叶，也许是在各国开展军备竞赛的背景下，加拿大不甘示弱，秀出了它们充满科技性的设计成果——奥运会点火仪式。圣火没有直接在场馆中点燃，而是先在奥林匹亚点燃，由希腊火炬手传给加拿大火炬手后，通过感应器将圣火的热能转换成电波，并经太空中的人造卫星传至加拿大，再使用激光在蒙特利尔点燃火炬，实现了奥运圣火的首次太空之旅。在这个过程里，圣火转化成了不同形式的能量，由火焰变成电波，再由电波传至卫星，最后绽放在火炬上。这样基于科技手段产生并成功投射在点火仪式上的大胆创意，堪称前无古人，后无来者。

在此届奥运会中还有一个创意，也许现在来看并不能称之为创意，但是在当时来说，它是前所未有的独特存在：蒙特利尔奥运会突破了史上以单人点燃主火炬的传统，首次由一男一女共同点燃奥林匹克圣火。不要小看这个微小的创新，积跬步以至千里。创意的本质就是新，就是变，就是破。蒙特利尔奥运会选择了两人点燃圣火，这就是零的突破，从此破除了单人点燃圣火的魔咒。

可见，创意并不一定是要绞尽脑汁去寻求巨大的改变，也可以是微创新、微改变、微突破，就像我们的工作一样，不图一时之快，“百年之业，千年之计”，应该是积小胜而成大胜。

多人、太空，这就是一种新鲜的、大胆的创意，蒙特利尔的创意举动在当时可谓是一种突破性尝试。

2. 1992 年巴塞罗那奥运会：最感人的“一箭倾心”

如果说，前面所讲的第 21 届蒙特利尔奥运会的点火仪式足够惊艳，那么第 25 届巴塞罗那奥运会点火仪式，则是一种不同的体验，这是一场充满惊险悬疑、让所有人都提心吊胆的点火仪式。东道主另辟蹊径，通过射箭的方式去点燃奥运圣火。

患有小儿麻痹症的火炬手雷波略，站在距离主火炬台几十米外的地方，只见他缓缓张弓搭箭、屏息凝神后，射出了一道足以载入史册的抛物线，锋利如工笔画的抛物线划出瑰丽的火光，瞬间坠入奥林匹克体育场的火炬台中。黑夜中燃起的火焰证明他成功了，这一刻全世界的人都为之惊呼与动容！相信第一次看到这个画面的人，无不被这看似简单但充满想象力的点火仪式所震撼。

为了能在开幕式上准确射中 70 米外、21 米高的火炬塔，这位患有小儿麻痹症的运动员通过两千多遍的练习，展示了一人一箭、人类突破自我的奥林匹克精神，最终使本届奥运会成为现代奥运史上一个难以复制和超越的经典。可见，千百遍的训练，是保证好创意精确落地的前提。

这届的创意突破了我们惯性思维的局限性，在这种茅塞顿开、惊险而大胆的创意点火形式面前，你们是否会提出疑问：万一火炬手射不中怎么办呢?

其实，创意者为了保证点火仪式的顺利进行，设计了让主火炬台上充满可燃气体，只要雷波略的箭进入火炬台周围的四米范围内，就可以顺利点燃主火炬，这是活动创意中不可缺乏的应急方案。在任何创意的时候，都要考虑到不确定的因素，并用确定性来填补不确定性的风险。

在雷波略拉起弓弦的时候，一个大大的悬念充斥在人们的脑中，人们都知道他接下来要干什么，但是人们不知道最后的结果将如何，这无比重要的一箭到底能否成功点燃圣火，牵动着全场观众的心。充满悬念与惊险的创意设计、反复练习与应急预案的执行设计，让在巴塞罗那燃起的圣火成为奥运历史的经典。

3. 2000 年悉尼奥运会：“水火交融”水与火之歌的浪漫

第 27 届悉尼奥运会的点火仪式被誉为最浪漫的点火仪式。这样浪漫的场面在整个奥运史上并不多见。

悉尼四面环海，来自海边的悉尼人将水元素与奥运会结合得天衣无缝，实现了水火交融的绚丽壮举，为世人带来了无限联想。

在以往的奥运会开幕式中，主火炬台是最受瞩目的，人们一眼就知道将要升起火焰的地点在哪里，长得怎么样。但在这一届奥运会，在点火之前大家都不知道主火炬台在哪里，也就更无法想象之后水火交融的画面和点火者走出火环的方式了。

跟着悉尼城流动的水，让我们回到2000年的那场开幕式。只见澳大利亚短跑名将弗里曼，穿着银色一体的防水服，站在微波粼粼的水面上，他手握奥运火炬，随后伸向水面，点燃了潜藏在水中的火炬台。一瞬间，本不应该相融的水、火交织在一起，火焰烧成一个环形，随后主火炬台冉冉升起，逐渐升至火炬手的上方，完成了“海陆空”大满贯！最后，火炬手走出水瀑，转身凝视着燃烧的圣火，完成了这次点火仪式。澳大利亚人不断挑战局限、冲击、突破和超越以往的点火仪式，实现了对比烘托的最大化，当水、火交融在一起的那一刻，一幅唯美浪漫的画卷就完成了。

这给我们启发：“黑白本不相合，动静本不相宜，水火本不相融”，我们能否将它们的“不相合”“不相宜”“不相融”融合地呈现在活动的创意中，关键在于能否挑战和突破传统的思维和惯性的经验，用对比的烘托手法来凸显二元之美、对立之美、融合之美。

4. 2008年北京奥运会：恢宏盛大的“祥云画卷”

在第29届北京奥运会的开幕式点火仪式中，主创团队在中华传统文化元素宝库中，抓取了广为人知的中国传统神话故事为灵感元素，以“夸父追日”这个神话题材来延展我们的创意点火，夸父永不言败、坚持不懈的寓意与国际奥林匹克运动会的精神相契合。

2008年8月8日晚8点，在鸟巢的中央，我们看到李宁成为最后一棒的主火炬手。只见他缓缓升起，以“夸父追日”的方式，举着火炬，在空中奔跑起来，他身后的祥云画卷徐徐展开，呈现出奥运圣火在世界各地传递的动态影像。直到画卷完整展开时，卷起画卷的火炬塔出现在众人眼前。

在空中奔跑的李宁来到主火炬塔旁，点燃引线。旋即，喷薄的火焰顺着边缘盘旋而上！在当晚的采访中，前国际奥委会主席罗格说：这是一届真正的无与伦比的奥运会。

夸父追日，是从我们浩瀚的中华传统文化宝库中汲取的关键要素。我认为，在做创意策划的过程当中，至少有三个宝库。第一，想象力宝库。我们每个人都有无穷无尽的想象力，想象是一切创造的源泉，充分发挥个人及团队的想象力。第二，经验的宝库。我们要站在文献、成功的过往案例基础上，站在前辈、经典作品的肩膀上眺望远方。第三，文化的宝库。在中华传统文化元素、经典文学作品、艺术创作作品乃至文化遗址遗迹中激发大胆、新颖、富有文化内涵的创意思维、创意策划。

5. 2010 年温哥华冬奥会：史无前例的火炬重燃

这届奥运会开幕式的点火仪式本来设计得相当有创新思路：不是 1 个人点火，而是 4 个人；不是一根“柴”就点着火，而是“众人拾柴火焰高”。可没想到的是，在执行过程中却出现“釜底抽薪”的窘迫局面。

在开幕式上，全世界观众都目击了那一幕——4 位火炬手手持奥运圣火在体育馆中央足足站了有两分钟，好不容易“篝火状”主火炬的那些“柴火棒”终于从体育场中央缓缓升起……然而，计划中本来该有 4 根“柴火棒”，实际上只升起了 3 根！事后，温哥华冬奥会组委会官员很快承认了这个失误，开幕式总策划阿特金斯透露说，那根“柴火棒”之所以没能支起来，是因为一扇转门出现机械故障，堵住了，没能打开，才会出现这尴尬的一幕。

当人们渐渐将这个遗憾淡忘的时候，阿特金斯突发奇想再次给世人一个惊奇：闭幕式的大幕拉开，火炬台以开幕式时“残缺”的状态搭建着，开幕式上的“失误”，就这样被组委会自己再度摆在了世界观众的面前，如何弥补？几乎全世界的观众都在注视。一个装扮成电工的小丑在没有竖起的那根冰柱凹槽中一顿检查，找到故障原因后爬出来，将两根电线插在一起，随着电源连接的声响和一顿电光火石，小丑凭空将那根硕大的柱子从地上缓缓拉起。随着小丑卖力拉动的表演，那根柱子竖起，与其他几根柱子搭建在一块。

开幕式上的错误，就这样以一种幽默和伟大的方式化解。实际上，自嘲是幽默的最高境界，组委会的这种方式，不仅幽默，更需要有一种伟大的勇气。温哥华正是以这种勇气，勇于在亿万观众面前揭短，将懊悔转化成诙谐的创意，为众人带来一场愉悦的、幽默的、令人难忘的点火仪式，也成就了温哥华冬奥会在奥运史上的史无前例——唯一拥有两次点火仪式的奥运会。

6. 2012 年伦敦奥运会：多元化、多元文化、多领域的融合

第 30 届伦敦奥运会拥有最唯美的奥运会点火仪式。这届奥运会的主题是大自然与人类。如何让人类拥抱自然？创作团队在英国的传统文化元素中，抓取了他们国家的国花作为灵感元素，并且选择了 204 朵铜花瓣来构造一个巨大的花朵作为本届奥运会的主火炬台。204 朵花瓣代表 204 个参赛国，它的创意设计理念

是“可能性的种子”，与本届奥运会的主题相契合，旨在代表人类的想象力和创造力。204 个不同角度倾斜的镜面不锈钢都在反射着周围的光线和景象，突出了这座城市的多样性和光彩夺目的特点。

此外，本届奥运会还首次突破了 1988 年汉城奥运会 3 人代表的点火仪式，由 7 位普通年轻人共同点燃，传递着人人都可以参与的理念。当每个火炬被点燃时，它们会同时点亮、燃烧，呈现出巨大、震撼、迷人的熊熊烈火，形成一个强烈的视觉冲击。这些火炬代表了英国的各大地区及其海外属地，同时也象征着国际奥林匹克运动会所代表的全球化精神。

总的来说，这一届点火仪式的创意寓意深刻，既有传统的厚度，也有现代的审美视野，整体呈现出一幅多元化、多元文化、多领域的英国画卷，让全球观众在欣赏这一幕精彩瞬间的同时，更深刻地感受到奥林匹克运动所代表的团结、和平、友谊和奋斗的精神。

7. 2016 年里约热内卢奥运会：“三最之美”最魔幻、最绚丽、最酷炫

如果让诸位来为第 31 届里约热内卢奥运会出一个创意点火仪式方案，你们会想到什么？

巴西给人印象最深的是人人都痴迷的足球、热情舞动的桑巴舞和世界上最大的狂欢节。但这些文化主流，在座诸位能想到的他们也能想到，这就不能称其为出奇制胜的创意了。国际奥林匹克运动会开幕式上的点火仪式，是每届奥运会开幕式的最大看点，也是最高机密，对于巴西人民来说这是非常珍贵的一次机会。

如何向世界各民族人民展现他们的创意能力呢？

他们找来了世界著名的大型风动雕塑艺术装置设计师安同，打造了一台由上百件钢铁零件组合成的艺术装置，使之作为圣火装置的一部分。主火炬手巴西田径运动员德·利马点燃空中主火炬盆，熊熊燃烧的主火炬盆缓缓上升，逐渐接近空中造型奇特的艺术装置，这一刻，奇迹发生了！

风马牛不相及的两个事物拼接在一起，发生了意料之外但情理之中的变化：随着火盆的温度升高，冷热空气循环的气流驱动装置摆动，呈现出美轮美奂的视觉盛宴。这一个跨界融合的创意，采用了火焰的热流驱动火盆光环去转动的原理，只要圣火持续燃烧，就会产生源源不断的热能，当热量与空气中较冷的空气交织时，循环的气流就会驱动装置摆动，就像热情的巴西人民在空中共舞

一样。

8. 2020 年东京奥运会：黑暗隧道尽头的光亮

这是百年奥运史上唯一一届延期举办的奥运会，同时也是国际大型活动中鲜有的临阵换将的开幕式。

受 2020 年初新冠疫情的影响，东京奥运会不得不延期举行，原定于 2020 年举办的东京奥运会延期至 2021 年 7 月 23 日才于东京新国立竞技场举行开幕式。

作为奥林匹克历史上第一届推迟举行的奥运会，东京奥运会的筹备过程可谓是“一波三折”。受全球新冠疫情的影响，本届奥运会“冷冷清清”，多个场馆“空场”举办，观众只能“云观看”“云欢呼”。更具戏剧性的是，在筹备过程中，组委会多次更换开幕式的总导演，在距开幕仅一天前，总导演更是临阵“被炒”，东京奥运会在无导演的状况下拉开了序幕。

命运多舛的一年，为这届奥运会蒙上了一层极具魔幻色彩的神奇面纱。日本将该届奥运会定位在战胜世界性新冠疫情的“疫后复兴元年”，东京奥运会的点火仪式也被寄予了特殊的含义。

延期一年的等待之后，取自希腊古奥林匹亚遗址的圣火终于在东京奥运会主体育场点燃。在以日本象征“富士山”为设计符号的主火炬台前，23 岁的混血运动员大坂直美拾级而上，穿过手捧向日葵的人们组成的通道将圣火点燃，顶部象征太阳的球体缓缓打开，如花一般绽放，释放了生命力与希望。

该圣火台的设计理念，来源于奥运会和残奥会开、闭幕式策划团队的（前）首席执行创意总监——野村万斋的一句话：“全人类聚集在阳光之下，所有人都是平等的，所有人都获得能量。”为了充分体现出这一理念，设计团队总共做了 85 个草稿雏形，球形的耐热玻璃容器旋转打开，绽放出圣火之花，旨在以抽象的方式表达出圣火与太阳的相似之处。

经过反复试验，最终得到如今的球形圣火台形态。打开后的球面可分为上、下两个部分，每个半球都由五片组成，代表了奥林匹克的标志性五环。此外，它又代表了太阳本身，暗喻太阳所带给人们的活力与能量。

“奥运会将成为黑暗隧道尽头的光亮。”——这句被国际奥委会主席巴赫不断重复的比喻，带给无数人温暖与力量，“奥运圣火则使这道光更加明亮”，巴赫在开幕式致辞中更是这样补充道。

众所周知，奥运精神的核心是竞争与开拓，就是一种不服输的精神。可以说，东京奥运会面对着人类历史上罕见的地震灾情、新冠疫情，组委会不惧困难，想方设法调整精神境界，就是新时期下对奥运精神的一种弘扬，更是奥运历史上的一种创新。

9. 2022 年北京冬奥会：火炬不必熊熊燃烧，星火也可燎原

我们知道，人类的奥运史已经走过了 125 年，北京是唯一一个举办过夏季和冬季奥运会的“双奥之城”。对于主办方而言，如何在 2008 年第 29 届北京奥运会成功举办的基础上用创意策划去突破、去筑梦第 24 届冬季奥运会变得尤其关键。

在创新理念上，全球正倡导低碳生活的理念，我国宣布 2030 年前达到碳达峰，2060 年前实现碳中和。作为一个负责任的国之大者，办好北京冬奥运会、冬残奥会是国家的一件大事，是我们对国际社会的庄严承诺。在过往的开幕式上，我们的创意往往使用加法，在形式上希望规模、人员、数量、投资及视觉呈现方面都是越多越好、越大越好！

而这一次，创作团队反其道而行之，在程序上采用减法，给世界展现和传播“大道至简”的中国哲学和文化内涵。在主火炬台和点火仪式上，化繁为简、以小寓大，处处看到用最细小的角度去看中国、看世界。

只见代表了参赛国的 90 块小雪花汇聚成一个唯美浪漫承载大家的“大雪花”，在鸟巢体育馆上缓缓降落，两位一男一女的年轻运动员将主火炬放在大雪花的中央，以“不点火”代替“点燃”，以“微火”取代熊熊燃烧的烈火，从而传递低碳、环保的绿色奥运理念。[1]

这一刻，我们不必告诉大家我们是谁。

这一刻，我们展现作为中国人的文化自信。

这一刻，我们向世界传递出美美与共、天下大同的价值观，讲出我们是一家人、我们是人类命运共同体的理念！

二、创意的形成

刚才，带着大家一起穿越百年奥运，细细品尝了点火仪式的创意。那么创意

是如何形成的呢？创意的形成可以归纳为六点：寻找、发现、灵感、创意、梦想、构想。

1. 寻找、发现

寻找是创意的开始，不懂得去寻找，不善于去寻找，创意就没有开始。目标是寻找的关键，寻找绝不能是漫无目的地走哪打哪，寻找的关键是你必须知道并且明确你要寻找的目标是什么？

发现是寻找的结果，同时又是一个新阶段的起征点。发现是人类社会生产生活的基础内容，是创意的基石，没有发现就没有创意，没有创意就没有创新行为，发现是创意的指引，发现将引导创意朝着一个明确的方向前进![2]

2. 灵感、创意

灵感是对创造的想象特别有利的一种境界，灵感稍纵即逝，来去无踪，很多人苦恼抓不住它。灵感其实并不能凭空产生，也不是无意识中产生的一种不按常理出牌的心灵活动。它虽具有独创性、偶然性、非逻辑性和突然性，但它需要经过长期的心智培养、知识素材积累，且善于独立思考后才会产生。灵感的产生与知识、性格、环境、人生经历有关。知识是创意的翅膀，知识能够更多地激发人的灵感，更好地去武装人的大脑，实践同样也能够激发人的灵感。

我们不能只追求结果而忽视过程，正是过程才能为我们的人生增加厚度。灵感来源于书本、实践和自己的归纳总结。

我看到我们文学室主任的桌子上贴着“灵感如泉涌”，那怎么样才可以有更多的灵感呢？我的看法是，第一，“多读书、会读书、读好书”，从书中“通文字、学知识、观世界、明哲理、悟人生”；阅读的书目可以是文、史、哲，文学带领我们感受深邃的思考，历史带领我们观看文明的进程，哲学让我们叩问内心。耶鲁大学校长莱文曾说：“质疑一切、努力学习、独立思考。”

第二，“多实践，重实践，会实践”。实践是引领你抵达目的地的最好方法，实践之后要沉淀自我，自省自察、思虑过往、善于总结、善于提炼、善于应用。只有知行合一，才能真正做到知识与实践相结合。王阳明提出的知行合一理论，为我们在实践的道路上指明方向。这同样启示我们的是，将“创意与执行”“创作与制作”相结合是重要一步。

3. 梦想、构想

人倘若没有梦想，则和一条躺平的咸鱼没有区别。人要敢于追逐梦想，梦想才会实现。没有梦想便没有高远，没有创新便没有惊喜。梦想可以高远，但构想务必落地。胡适先生曾教导我们："大胆假设，小心求证。"唯有落地的构想，梦想才能照进现实，构想的"构"字是解构之意，没有构想，梦想便无可实现，只能是假想虚幻、梦中痴想。

我硕士毕业时，院长说过一句话，我至今记忆深刻。他说："同学们，你们顺利在北京大学毕业了，在北京大学学习最大的作用不是你在这里学会了多少知识，而是见识中国最高学府的精英以后，你发现所谓的'天之骄子'也不过如此。从此，在未来的人生路上，大胆去追逐梦想吧，勇闯属于你的天地！"

今天，我们穿越了百年奥运长河，我的目的就是想告诉诸位"奥运会的创意也并非高不可攀，奥运会的策划也并非遥不可及"。[2] 回顾国际盛典关键时刻的核心创意，是想让诸位知道"从寻找到发现，创意来源并不那么难；从灵感到创意，天马行空，可以让创意无限；从梦想到构想，脚踏实地，创意就能实现。"[2]

谨以以上思考与大家分享，希望能有助于大家拓宽创意的视野及坚定敢于创意的信心。谢谢！

参考文献

[1] 体育图书编委会. 奥运百年［M］. 长春：吉林科学技术出版社，2023.
[2] 张京城. 创意奥运［M］. 北京：中国科技出版传媒股份有限公司，2008.

Insights into the Creative Planning of International Large-scale Activity through the Ignition Ceremony of the Opening Ceremony of the Centennial Olympic Games

Zhenyun Liang

Abstract: The creativity of the Olympics is not profound and unattainable, and the planning of the Olympics is not distant and unattainable. Looking back at the core ideas at the critical moments of the international event, we have more confidence that "from finding to discovering, the source of creativity is not so difficult; from inspiration to creativity, the sky is wide, and creativity can be unlimited; from dreams to ideas, down-to-earth, creativity can be realized".

Key words: Centennial Olympic Games; Creativity; Plan

河南云台山风景区高质量发展探索与实践

◎ 冯进松*

摘要：河南云台山风景区作为传统的山岳型景区，在新时代高质量发展的浪潮中，坚持以文塑旅、以旅彰文，推进文化和旅游深度融合，积极探索与实践高质量发展路径。

关键词：云台山；新时代；高质量发展

党的二十大报告提出，坚持以文塑旅、以旅彰文，推进文化和旅游深度融合发展。报告的战略部署令文化和旅游业界倍感振奋，备受鼓舞。文旅景区作为文旅系统中最重要的组成部分和激励游客旅行的主要因素，如何实现文旅融合、高质量发展，如何推进旅游为民、发挥旅游带动作用，成为新时代文旅景区发展的重要历史使命和课题。现就河南云台山风景区在新时代背景下如何推进高质量发展分享如下。

一、新时代、新趋势

（一）消费新主力

《旅游绿皮书：2022~2023 年中国旅游发展分析与预测》指出：追求个性、重视体验消费的“Z 世代”群体走向主流，这对升级传统文旅业态、创新产品和

* 冯进松，云台山旅游股份公司董事长、总经理，硕士研究生，企业高级经济师，中国旅游景区协会专家委员会景区运营管理类专家，河南省地质旅游发展促进会副会长（459426246@ qq. com）。

服务方式、推动产业朝向创新驱动转变提出了更高要求，将推动大众市场的文旅消费需求逐渐从低层次向高品质和多样化方向转变。[1]

（二）审美新时代

旅游是一种寻找，寻找美的享受；旅游还是一种独特的身心体验，是游客对某地的美好记忆。从本质上说，旅游就是一种审美活动。随着大众审美需求和层次的全面升级，我们正迈入一个向往美、追求美、敬畏美的审美新时代。

（三）体验新模式

感知文化旅游的最好途径是身心体验，日益兴盛的文旅体验满足了人们“求新、求奇、求知、求乐”的愿望，深受游客喜爱。沉浸式体验为游客营造出身临其境和心临其境的完美体验，成为拉动文旅消费的重要力量。

沉浸式体验成为“90后”“00后”的热门选择。目前，沉浸式街区、沉浸式博物馆、沉浸式演艺、沉浸式夜游等丰富多样的内容，成为文旅消费的新宠。

（四）场景新生活

《“十四五”旅游业发展规划》明确提出，“顺应大众旅游多样化、个性化消费需求，创新旅游消费场景，积极培育旅游消费新模式”。随后，只有河南、洛邑古城、胖东来、戏精桃花源、Teamlab无界美术馆等新生活场景如雨后春笋般涌现。

（五）用户新思维

顾客可能就是这一笔交易，结束后可能就没有更多的联系。用户不一样，用户具有强黏性。苹果有果粉、小米有米粉，粉丝已经成为一个品牌屡试不爽的利器。同样，旅游也是如此，游客从来没有拥有过如此大的话语权和被如此地重视。如何实现“我只在乎你”到“何日君再来”的跨越，唯一的途径就是坚持“用户思维”，紧紧地抓住游客，增加游客的黏性，为游客创造价值；时时刻刻勤勉地紧跟“不忠诚”的游客，让他在你设计的场景氛围中变得忠诚。

新时代连接新趋势，云台山风景区在社会各界的关心支持下，从一个鲜为人知的区域性景区一举成为世界知名、全国一流、游客向往的旅游胜地，创造了旅游业界的“云台山速度”“云台山效应”。从某种程度上来说，云台山风景区也是中国传统山岳型景区转型升级、高质量发展的一个缩影和写照。

二、云台山景区发展历程

（一）基本情况

云台山风景区位于河南省西北部，距省会郑州 80 千米，总面积 280 平方千米，是一处集独特地质地貌、丰富水体景观、立体自然生态和深厚人文历史于一体的综合型山水文化旅游精品景区。景区有被誉为华夏第一奇峡的红石峡，有单级落差 314 米的亚洲第一高瀑——云台天瀑，有被誉为“人间天上一湖水、万千景象在其中”的云台天池——峰林峡，有唐代大诗人王维写下千古名句“遥知兄弟登高处，遍插茱萸少一人”的茱萸峰，还有将中国山水园林文化从宫廷推向民间的“竹林七贤”隐居地——百家岩，以及潭瀑峡、叠彩洞、子房湖、万善寺等精品景点。

云台山风景区于 1983 年开始被考察论证，于 1985 年初被开发，于 1999 年进入了大规模开发建设阶段。之后十几年间，云台山风景区的发展得到了河南省文化和旅游厅、焦作市和修武县的大力帮助，通过一点一滴的执着努力、一步一个脚印的精心打造，用心血和汗水、智慧和力量，让寂静沉默于世间的云台山风景区横空出世，成为国内旅游界的一匹黑马，从一个默默无闻、名不见经传的普通景点，一举成为国内前列、游客向往的旅游胜地。一是缔造了业界瞩目的云台山风景区速度。云台山风景区的客源市场半径从 300 千米扩展到 1500 千米，覆盖周边省份，辐射全国各地，延伸到日韩和东南亚，游客量逐年“井喷式”递增，从年 20 万人次增长到 600 多万人次，省外游客达 60%，单日最高接待量近 10 万人次，收入从 400 万元增长到 7.39 亿元，景区员工也从 69 名发展到 2000 多名。二是打造了全国知名的云台山风景区品牌。成为河南唯一一个集全球首批世界地质公园、国家首批 AAAAA 级旅游景区、国家级风景名胜区等一个世界级、十个国家级称号于一体的旅游景区。在河南旅游发展史上，省文旅厅第一次发文组织全省旅游行业向云台山风景区学习，黄山、张家界、武当山、长白山等知名景区的工作人员也纷纷来云台山风景区挂职交流学习。三是创造了“云台山效应”和“云台山新现象”。作为焦作经济由“黑色主题”向“绿色印象”转型的代表编入了中学教材，通过云台山风景区旅游的综合带动效应，云台山风景区所在的修武县实现了由农业小县到旅游大县的成功转型，全县旅游从业人员达 3 万多名，成为中国最佳旅游名县、国家全域旅游示范区、全国县域旅游发展潜力百佳县。尤其是 2023 年，云台山风景区紧紧抓住市场复苏的关键机遇，创新升级了云台山冰雪节、新春喜乐会和云台山汉服花朝节等品牌，融入了新春民俗展演、汉服达人巡游、非遗市集、抖音挑战赛，多样化创意营销，让景区频频出圈出彩，成功实现了产品叠加、活动叠加、流量叠加和人气叠加的综合效应，在全省文旅行业中率先实现市场复苏，创造了“云台山新现象”。

（二）发展历程

云台山风景区从小到大、从弱到强仅用了二十多年的时间，究其原因，从外部来说，是靠各级党委和政府支持出来的，靠旅行社推出来的，靠摄影师拍出来的，靠新闻媒体点赞出来的；从内部来说，是靠大巴车司机跑出来的，靠讲解员讲出来的，靠环卫工扫出来的，靠 2000 名员工用心血和汗水浸泡出来的。云台山风景区的发展主要经历了开发期、发展期、成熟期、转型期四个阶段：

1. 开发期

政府主导是关键。云台山风景区的开发得到了焦作市委、市政府，修武县委、县政府的高度重视和大力支持，历届班子坚持“一张蓝图绘到底”，自上而下形成了“党委重视，政府主导，部门联动，社会参与”的发展模式。在云台山风景区开发建设之初，修武县采取“全县动员，全民参与”的办法，千军万马战云台，全县干部职工共同集资建设云台山风景区。1999 年，修武县正式确定了“旅游兴县”战略，动员全县上下宣传云台山风景区、发展云台山风景区。自 2001 年以来，每年的“五一”“十一”期间，修武县五大班子领导和县职能部门都主动牺牲休假时间，全部上山帮助景区应对客流高峰。政府主导、大员上阵、全民参与，正是这种几十年如一日的大力支持让云台山风景区的快速发展有了强有力的保障体系。

2. 发展期

精品建设是基础。在这一发展阶段，云台山风景区致力于“止于至美”的标准完善景区基础设施建设。在基础设施上，云台山风景区始终坚持以人为本，一切从游客的满意度、舒适度出发，精雕细琢、精益求精，先后累计投入 10 亿元，完成了景点的组合开发和设施设备的完善建设。在停车场建设上，2005 年，云台山投资 1 亿多元，建成占地 35 万平方米、拥有 5000 个车位的大型生态停车场，解决了“进不来，出不去”的问题。在智慧景区建设上，作为全国首批 18 家数字化景区建设试点单位，2006 年开始实施总投资 1.5 亿元的数字化景区建设工程，后续云台山风景区编制的《旅游景区数字化应用规范》成为我国首个由景区编制的国家标准。2018 年，全国全域旅游全息信息系统推进会暨河南省试点建设观摩会在云台山风景区召开。如今，云台山风景区已经成为河南省首批“五钻级景区”。

3. 成熟期

在成熟期这一阶段，景区坚持“用户思维”，抓实、抓细精准营销和精细服务两项重点工作。

（1）精准营销是手段。旅游经济既是品牌经济、知名度经济，更是注意力经济、点子经济。面对全国 23 家同名的景区，云台山风景区虽然开发较晚，但是当其他景区还在提升基础设施的时候，云台山风景区在这一阶段审时度势、先人一步，旅游投资逐步向旅游市场倾斜。坚持以市场为导向，采取大投入、大媒体、大活动、大创意的营销策略，坚持大手笔精准营销，打出云台山风景区的名气和品牌，提升了云台山风景区的市场知名度和影响力。每年拿出收入的 10%~15%用作宣传经费，2006 年作为全国首家景区在央视《朝闻天下》进行品牌宣传。连续 5 年每年投资 500 多万元独家承办央视五套现场直播的“云台山杯”U-17 乒乓球赛。服务前沿，深耕客源地营销，2008 年 8 月 3 日（2008 年北京奥运会前夕），设立了全国首个驻北京旅游服务中心；2010 年 3 月（世博会前夕），设立了云台山风景区驻上海旅游服务中心；2013 年 3 月，在首尔设立了全国旅游景区首个境外办事处；2009 年 7 月，开通了全国首个以景区命名的北京至焦作“云台山号”系列旅游专列，开创了服务“始于客源地、止于客源地、组接一体化、服务全程化”模式，以首都为中心，迅速引爆市场。云台山风景区又把这种模式复制到上海、武汉和韩国市场，共组织“云台山号”系列旅游专列近 300 列。在这一阶段，服务中心的设立、旅游专列的开行，起到了良好的品牌推广效应，在开拓京津唐、长三角、华中等重点客源市场及韩国等境外客源市场方面发挥了重要作用。

（2）精细服务是核心。对旅游景区而言，服务就是口碑，服务就是软实力，只有靠服务才能赢得市场、赢得发展。多年来，云台山风景区始终把服务当作景区的“一号工程”，视服务为灵魂，把质量当生命。在这一阶段，服务理念上，云台山风景区在全国 AAAAA 级景区中率先提出“不让一位游客在景区受委屈”的服务理念，一时间成为全国旅游景区学习的标准，“山美、水美、人更美”已成为游客对云台山风景区的最深印象，每年景区涌现出的拾金不昧、助人为乐等方面的好人好事达 1500 多件，云台山每年拿出 100 多万元表彰奖励。服务设施上，一切以游客需求为中心，严格按照 AAAAA 级景区管理服务标准，全面实施温馨服务工程，不断加强和改进服务，把每个细节做到极致，提高游客的舒适度、满意度。服务品牌上，先后创建了国家级服务业标准化试点单位、全国旅游标准化示范单位等重量级荣誉，2015 年作为全国唯一旅游景区，荣获当时国家质量领域的最高荣誉——第二届中国质量奖提名奖，获奖内容为“以满足游客需求为核心的质量标准化经营管理模式”。云台山风景区正是靠着标准化、精细化、人性化的管理和服务，才赢得了市场、赢得了口碑，争取让每一位游客都成为景区的义务宣传员。“口碑相传”已成为游客认知景区的重要途径，云台山风景区游客重游率达到 25%，景区综合评价好评率达到 98%，近 50%的游客是通过亲朋好友推荐慕名来云台山风景区的。[5]

4. 转型期

现在的旅游业已经进入百花齐放的时代，也进入转型攻坚期。随着国民大众旅游、休闲度假旅游时代的到来，尤其是在年轻消费群体占主导的旅游时代，人民群众的旅游消费模式、消费习惯和消费内容发生了根本性变化，人们在旅游目的地不仅追求欣赏美景，更追求高品质的生活方式，这既为旅游景区从传统观光游向休闲度假游转变提供了重要机遇，同时也提出了更高要求。在这样的时代背景下，云台山风景区转变发展理念，围绕新时代市场需求，坚定“以美学经济为引领，转型升级为主线，管理服务为核心，市场营销为支撑，项目建设为抓手”的高质量转型发展信心，进行供给侧结构性改革，开启了云台山风景区高质量发展探索与实践之旅。

三、高质量发展探索与实践

个性化、品质化、多样化的文旅消费，文化创意、科技创新、多元融合的文旅供给，将文旅景区带到了一个传统边界日渐消失、创新动能快速聚焦的广阔天地。[3]

身处新时代，连接新趋势，云台山风景区必须转型，也唯有转型才能让云台山风景区勇立潮头。那么，怎么做到转型呢？概况来说就是对景区做“乘除加减”四项法则，着力推动云台山风景区高质量转型发展行稳致远，打造高能级景区。

（一）在做大山水品牌中做“乘法”

如何让山水品牌生动起来、丰富起来是云台山风景区一直在探索的课题。在实践探索中，云台山风景区逐步摸索出多元创新营销策略，努力创造出更多爆点、亮点、高光点，发挥“乘数效应”，进一步做大云台山风景区品牌，助力云台山风景区高质量转型发展。

1. 活动引领，打造 IP 品牌

围绕“Z 世代”的市场需求，依靠自然山岳空间，融合音乐、国潮、体育等内容，打造文旅生活新场景，塑造一批叫得响的活动品牌，做大活动 IP。以云台山音乐节为例，自 2018 年起，云台山风景区与创意周末倾力打造“旅游+音乐”文旅 IP 模式，现已举办四届，云集了崔健、许巍、痛仰、二手玫瑰、薛之谦、谢天笑、新裤子等近 70 位明星大咖。据统计，共计接待乐迷 34 万人次，实现票房、商业招商等收入近 8000 万元。如今，云台山音乐节已成为现象级文旅 IP，成为全国十大热门音乐节之一，也成为无数乐迷心中的情怀和向往。尤其是刚过去的 2023 年云台山音乐节，超人气——爆款 IP 强势引流，10 万乐迷引爆全国；超有趣——两天二十支乐队，奏响摇滚之声；超宠粉——10 万份乐迷礼包，多方联动硬核保障；超热度——超 7 亿次曝光量，登顶全国热搜榜单。2023 年云台山音乐节实现了声量、流量与销量“三量”同时引爆市场。目前，云台山音乐节已经成为业内最受乐迷关注、中原地区最具影响力的音乐盛会。再比如，云台山汉服花朝节是我们精心打造的另一精品 IP 活动，这个创意来源于中

华民族的文化自信和国潮风的兴起。鉴于“Z 世代”对汉服特别推崇，但又缺少可以展示汉服、同袍交流的场景，市场和我们都需要一个地方能让汉服爱好者拍视频、展示美的“至美”空间。同时，云台山风景区有魏晋文化的深厚积淀，也有大好风景，与汉服市场需求高度契合。通过精心准备，云台山汉服花朝节孕育而生，一经推出就在网上受到了广泛关注，话题网络曝光和点赞破亿，目前也已成功举办了五届。另外，围绕企业媒体化生存的思路开展 IP 营销，景区深挖“王维诗里的云台山”“竹林七贤魏晋风骨”“14 亿年前云台地貌奇观”等文化内涵，着力打造云台山风景区的超级符号。

云台山风景区还打造了云台山电音节、云台山冰雪节、云台山国际马拉松赛、云台山新春喜乐会等一批爆款 IP 活动，有效推动品牌迈向时尚化、年轻化、多元化，进一步推动云台山品牌价值不断提升。

2. 创新营销，提高市场声量

随着新媒体与自媒体时代的到来，人们获取信息的方式更加多元化，跟随时代变化，景区积极创新营销模式，将传统大媒体营销与自媒体、新媒体营销相结合，构建营销“大网络”。[2] 一方面，携手传统大媒体，积极和国内主流媒体对接，继续保持在央视《新闻联播》《新闻直播间》《朝闻天下》等国家平台栏目以及《中国旅游报》《河南日报》等大媒体的持续曝光，保持市场关注度和曝光量。另一方面，强化新媒体与自媒体的营销力度，加强景区在“两微一抖”、头条、快手、B 站等新媒体与自媒体平台的宣传推广力度。目前，景区微信粉丝量达 56 万多，内容推送中单篇文章最高阅读量达 73 万多，“焦作云台山风景名胜区”POI 抖音浏览量已突破 19 亿次。

另外，在如今这个自媒体时代，人人都是创作者和发言人，在这种时代背景下，景区随机应变，创新营销政策，2021 年 5 月 22 日正式推出抖音、快手短视频达人免票及奖励政策：在抖音、快手任一平台关注量超过 5 万的网友，免云台山景区门票、车票入园拍摄创作；发布在抖音或快手 App 的实景原创优质短视频，单条视频播放量超过 100 万的网友奖励现金 1000 元，根据视频播放量，单条视频最高奖励 10000 元。通过营销政策的创新，景区充分调动广大短视频达人来云台山创作的热情，让更多人成为景区宣传员，有效提高市场声量。

3. 迎难而上，实现快速复苏

2020 年以来，在文旅行业受到新冠疫情强烈冲击的情况下，云台山风景区迎难而上，围绕“宣传力度不减、市场声量不断、项目推进不停、人心凝聚不散”的思路，按照“颠覆性创意、沉浸式体验、年轻化消费、移动化传播”路径，优化文化旅游产品供给，着力打造更多文旅消费新场景，更好地满足游客特色化、多元化旅游需求，进一步激发文旅消费活力。

（二）在做精景区项目上做“除法”

云台山风景区在做项目上的原则就是做“除法”，破坏生态环境的项目不做、不符合景区发展的项目不做、不符合生态需求的项目不做，以这项原则为基础，景区围绕产业发展趋势，以游客需求为中心，按照“与巨人同行，与能人握手”的理念，把目光放宽到全球视野，积极对接行业领军品牌，整合优势资源，根据“谋划一批、建设一批、运营一批、储备一批”的“四个一”思路，积极谋划和培育了涵盖休闲度假、沉浸式体验、民宿文化和亲子研学 4 大类 16 个总投资 200 亿元的“云系列”项目，打造具有云台山风景区文化特色的文旅高品质新业态。目前，云台山飞拉大攀岩、云溪谷夜游、球幕影院、云台山小吃城、凤凰岭索道、叠彩洞精神党性教育基地、茱萸峰索道、猕猴谷生态科普营地等一批项目已建成运营，为游客打造了多种游览体验。比如，云台山飞拉大攀岩，在悬崖峭壁上飞檐走壁，惊险刺激，游客参与度和体验感极强，深受年轻人的喜爱；在凤凰岭索道和玻璃栈道，如果遇到刚刚下过雨的天气，山上云雾缭绕，游客在索道和栈道上便感觉如腾云驾雾一般；还有云台山夜游，通过声光电和全息投影等高科技手段与山水的深度融合，在 1.2 千米长的云溪谷打造出大型夜游灯光秀，十分梦幻，为游客带去沉浸式的场景体验，如今已成为游客夜间游玩必去的“网红”打卡点，也是云台山风景区夜经济的标志之一。已建成运营的这些项目进一步丰富了景区业态，取得了良好的市场反响。目前，云乡·兵盘民宿、云藤七贤精品帐篷营地等项目正在有序推进，未来的云台山风景区，必将吸引更多的游客到云台山风景区观美景、品美食、住美宿、赏夜游、逛小镇，届时，游客的参与度和体验度都将得到大幅提升。云台山风景区通过“云系列”转型项目的实施，培育优质产品，优化产业结构，转换增长动力，推进云台山风景区从观光型景区向休闲度假旅游区的转型，确保云台山风景区的高质量转型发展有深度更有厚度。

（三）在做优景区服务上做“加法”

云台山风景区从服务起家、以服务当家、靠服务发家，将优质服务当作打造高能级景区的重要一环。在服务理念上，2017 年以来，景区升级服务理念，由“不让一位游客受委屈”转变为“感动每一位游客”，建立了 2000 名员工人人都是安全员、服务员、保洁员、救护员、宣传员的“五员一体”服务模式。安全员就是人人树立安全意识，全年安全责任事故为零；服务员就是全员服务，以极致服务感动每一位游客；保洁员就是人人都是环卫工，在景区可视范围内不能看到垃圾；救护员就是聘请红十字会开展全员培训，人人具备救护技能，掌握黄金救援四分钟；宣传员就是通过《云台山人》报纸、《云台之声》电台、微信、微博、抖音等平台，让员工了解公司的发展，让云台山风景区人讲好云台山风景区的故事，树立云台山风景区的良好形象。这种模式要求员工在做好本岗位工作的同时，还能根据游客需求在“五员”之间灵活切换角色，以“一专多能”的服务素质向游客展示景区的服务质量。

在服务标准上，围绕服务领先战略，云台山风景区在全国率先实现旅游标准化管理，专门成立了质量标准化管理办公室，负责标准的制订、执行和完善提升，建立了涵盖服务质量、安全卫生、环境保护等 658 项标准的《云台山风景名胜区服务标准化体系》，被国家旅游局编入《旅游景区管理制度汇编》[4] 向全国推广。在服务创新上，云台山风景区将智慧化融入景区服务之中，从游客出行前的精准认知、出行中的快捷引导，到游览中的舒适体验、游览后的评价反馈，智慧旅游把云台山的服务从景区内延伸到景区外，从线下人工拓展到线上，从等客来到迎客去。比如，大家现在打开高德地图搜索云台山风景区就可以完成线上购票、景区导航、房间预订、景区厕位查找、一键救援等，就相当于我们携带了一个“随行管家”。

（四）在保护绿水青山中做“减法”

习近平总书记提出“绿水青山就是金山银山”，对景区“绿水青山”的保护是我们非常重要的一项工作，云台山风景区坚持“山上做减法，山下做加法”，因地制宜做好景区生态保护工作。一是保护原生态。2013 年 12 月 1 日，《河南省云台山景区保护条例》正式实施（河南省十二届人大常委会第四次会议表决通过）。2018 年 9 月 29 日，《河南省云台山景区保护条例》（2018 年修订版）发布（根据河南省第十三届人民代表大会常务委员会第六次会议《河南省人民代表大会常务委员会关于修改部分地方性法规的决定》修正），对云台山景区的规划、管理、建设、保护等问题作了具体规定，让云台山风景区的青山绿水有了省级的“护身符”。2016 年出台了《焦作市北山生态环境保护条例》，景区北部山区 19 个非煤矿山全部关停，把原生态还给大山。二是保护原住民。景区以每年数百万的客流量为基础，引导原住民自主经营家庭宾馆等服务产业，打造一批精品民宿。景区所在的云台山镇，80%以上的农户围绕景区服务，建设了家庭宾馆与民宿，形成了 5 个旅游综合服务区，人均年收入从景区开发建设前的 260 元提高到 5 万元，在保护原住民的基础上带动其实现了脱贫致富，成为旅游产业带动致富的典范。三是保护品质化。走品质化线路就是对景区最大的保护。云台山风景区先后邀请了赵逊、魏小安、戴学峰等一批国内知名旅游专家学者指导景区保护开发工作，出版了《云台山主要景观地学背景研究——云台地貌成因》《中国云台山岩溶及岩溶水文地质研究》等书籍；投资数亿元，对景区所有电力、通信、光纤线路实行了地埋，对 20 万平方米的山体进行了喷播绿化，建设了森林综合管理站、云台山风景区森林消防站；安装了 2235 个高清摄像头、铺设了 58 千米的光纤环网，形成了 50 平方千米的网络全覆盖，哪棵古树有损坏、哪块山石会滑落云台山能够及时掌握，及时保护，实现了智能化监管。

文旅需求、文旅供给都在不断地发生深刻变化，身处新时代，连接新趋势，作为山岳型景区的云台山风景区始终坚持“游客的需求，我们的使命”，做到“想您所想，尽我所能”，几十年如一日坚守“感动每一位游客”的服务理念。坚持以文塑旅、以旅彰文，推进文化创意、科技创新和多元化旅游深度融合，不断探索实现云台山风景区可持续高质量发展的路径。

参考文献

［1］中国社会科学院旅游研究中心．旅游绿皮书：2022-2023 年中国旅游发展分析与预测［M］．北京：社会科学文献出版社，2023.

［2］秦绪文．自媒体营销与运营实战［M］．北京：人民邮电出版社，2015.

［3］吴国平．预支五百年新意——新时代景区高质量发展的实践与探索［C］．中国旅游

协会理事会专题会议，2023.

［4］吴文学．旅游景区管理制度汇编［M］．北京：中国旅游出版社，2012.

［5］他山之石：从云台山景区成功运营的经验中，我们可以学到什么？［EB/OL］．［2021-07-23］．https：//baijiahao. baidu. com/s？id=1706072365445344828&wfr=spider&for=pc.

Henan Yuntai Mountain High-quality Development Exploration and Practice

Jinsong Feng

Abstract: In the new era of high-quality development, as a traditional mountain-shaped scenic spot, Henan Yuntai Mountain, adheres to: Using culture to shap tourism, using tourism to manifest culture, to impel the in-depth integration of culture and tourism, actively exploring and practicing high-quality development paths.

Key words: Yuntai mountain; New era; High-quality development

四川 M 青砖企业新品开发的流程管理

◎ 冯小龙*

摘要：本文分别从产品概况分析、技术环境、政策环境、市场环境对 M 青砖企业新品开发项目进行了分析。据此得出，青砖作为一种砖瓦建材，是具备创新的必要性的，也是具备新产品市场的。在对新品开发及新品开发流程管理的基本理论进行梳理与总结的基础上，对 M 青砖企业的新品开发流程管理的现状与存在的问题进行了诊断分析。针对 M 青砖企业目前的新产品开发流程管理现状，提出基于门径管理理论的发现阶段、立项阶段、开发阶段与市场投放阶段流程管理的改进建议。

关键词：新品开发；流程管理；青砖企业

企业的创新能力与新品开发的流程管理和控制能力是增强企业竞争力的有效途径。随着砖瓦行业的结构调整与现代化城市建设步伐的加快，青砖企业只有树立新思路、采用新技术快速开发出满足市场需求的新产品，才能在激烈的市场竞争中抢占先机。据此，本文立足于笔者自身在四川 M 青砖企业的管理实践，结合新品开发流程管理的科学理论，选取 M 青砖企业为案例，对其青砖新产品的开发过程进行研究，分析企业的新品开发流程管理现状与不足之处并提出完善的建议。

本文研究的主要创新点有以下两点：一是将研究焦点放在了砖瓦企业。由于在目前的研究中，针对砖瓦企业的新品开发流程管理研究还十分有限，而砖瓦行

* 冯小龙，工商管理硕士，四川 M 青砖企业新品开发负责人。

业正是对产品升级、新品开发需求最为强烈的一类行业。二是在研究工具的运用上，在充分考虑三种流程管理模型特点的基础上，选取门径管理理论为主要分析工具。这样既能让研究有所侧重而具备连贯性与一致性，也避免了只运用一种工具分析而造成结果偏差。

一、新品开发的流程管理模式概述

（一）流程管理的内涵探析

流程在企业管理活动中是随处可见的，是一系列业务活动序列的总称，流程管理顾名思义就是对流程进行管理。[1] 这种管理并不是一蹴而就的，而是要根据规范的方法，按照一定的理论思路，对原有流程进行分析与设计，将不合理的地方进行重新设计。流程管理（Process Management）的定义较为广泛，笔者根据众多管理大师的理论，提炼出以下观点：流程管理是一种以规范标准的方式构建一个节点到另一个节点的、可供不断重复的业务活动过程，用于不断提高公司效率与能力的系统化方法。

近半个世纪以来，随着流程管理的理论愈加成熟，实际的运用成效十分显著。高效而低成本的流程已成为企业在竞争中抢占先机的重要法宝，许多企业都开始重视自身的流程构建，力图通过流程管理手段使公司各项管理活动流程清晰，促使公司高效地运行。[2] 在对流程管理进行研究的过程中，Mcihael Hanuner 在 1990 年提出的业务流程再造（BRP）理论曾引起许多人的重视，这一管理理论的提出是具有革命性的，它首先肯定了流程的作用，其次强调了流程应该是需要不断被改变和优化的。但是，由于其“根本性”与“彻底性”的核心理念，导致这种管理方式夹杂些许激进的意味。在当代的流程管理活动中，更需要一种有效而务实且稳定的流程管理手段。

（二）主要流程管理模式及比较

产品及周期优化法（PACE）是美国管理咨询公司（PRTM）在 20 世纪 80 年代提出的一种新产品开发流程管理方案。这种管理方式的独到之处在于将新品开发流程化并识别出其中可以人为操作的部分，促使管理能够更加便利和高效。该咨询公司不仅在自身业务管理中使用这种方法，也将其推荐给付费的咨询客户。在多年的实践优化后，产品及周期优化法逐渐成为一种标准模型被众多大型公司所采用。

集成产品开发（IPD）也是一种关于产品开发的管理方法。它是由 IMB 公司在学习研究基础上，结合自身的管理实践不断总结出来的新品开发流程管理方法。后来，我国的华为公司也采用这一新品开发管理的方法，且取得了显著的成效。此方案强调“市场导向”与“组织创新”的有效结合，其中的关键一环是组织创新，不再是单纯意义上的部门组织，而是跨部门的大组织。通过这种组织创新，能够更高效、更快速地面对市场做出反应，从而提升企业战斗力，缩短产品开发的时间，抢占先机。[3]

门径流程管理（SGS），是由加拿大的罗伯特·G. 库伯等提出的用于新品开发流程管理的思想与方法。[4] 门径（Stage-Gate），顾名思义就是把一个个开发阶段（Stage）与一个个把关准入标准的门（Gate）组成一系列的流程结构。它是以系统化的方式对新品开发过程进行描述的一种管理理论。实质上，门径管理就是作为一种标准化的流程，作为企业实施新产品开发流程的一种模板或路线图，为企业的经营活动营造一种具体的、实际的计划指导。其目的就是综合各种管理手段，把握好每个阶段的准入口与实践，在顺利完成从产品构思到试验再到将产品交付到顾客手中的一系列流程的同时，还强调将所有能够同时进行的活动提前到一起进行以节省时间。门径管理这一理论既强调理论体系的严密，也重视实践过程的可操作性，系统地指导产品创新的实施过程，弥补了理论与实践的差距。20 世纪初，针对美国的一项调研显示，有超过 70%的公司在进行新产品开发时，会利用门径管理的相关理论。

以上介绍的三种流程管理模式是目前最主流的新产品开发流程管理方法，且都在几十年的时间里，被不同的大公司运用并为其带去卓越的管理效果。这三种流程管理理论既有共同点，也有各自的侧重点。在本文中，为了更好地分析 M 青砖企业新品开发的现状，笔者选取了这三种流程管理工具做参考，但在实际分析过程中，应该确定一种分析工具，以免造成逻辑的混乱。据此，将这三种新品开发流程管理模式比较如下：

（1）共同点：首先，上述的三种新品开发流程管理都强调以标准化和规范化的方式来划分新品开发的不同阶段，以便使实际管理变得准确而有效，总体来说都分为新品创意、样品开发、商品投放市场这三个大的流程阶段。其次，这三种流程管理模式都重视团队的建设，提倡并行工程的运用以争分夺秒地进行新品开发。最后，都重视阶段性决策的重要性，门径流程管理的这一特征是最为明显的。

（2）不同点：如表 1 所示，对比可以看出：PACE 强调设计手段、技术开发与管理执行工具的运用，适用于对市场需求明确且只需将精力投入技术方面的新品开发。IPD 适用于技术复杂度较高且产品具备连贯性，一次性开发多种产品的大型企业。SGS 适用于技术相对成熟只需进行设备升级，但市场竞争较大的产品开发，需要时刻关注市场。

表 1　三种新品开发流程管理模式比较

管理模式	PACE	IPD	SGS
产品战略	组合战略		创新战略
技术管理	技术开发的管理	开发共用技术	
投资分析		优化投资组合	项目筛选
创意筛选			寻求突破性构思
市场导向		客户需求分析	开发各阶段测试顾客反映；与营销计划匹配
结构化开发活动	分层定义活动	异步开发	
开发工具与技术	设计手段、自动化工具、管理与执行工具		
多产品开发的共用性		共用基础模块	
体系衡量标准		决策、管理指标	

据此，由于 M 青砖企业的产品本身已相对成熟，创新点主要在于新能源与新生产设备的应用，同时，由于同类产品比较多，市场竞争较大，因此，关于 M 青砖企业的新品开发流程管理，选择门径理论进行分析或将是最合适的。

二、M 青砖企业的基本情况与青砖发展现状

（一）M 青砖企业基本情况简介

M 青砖企业是位于四川省成都市的一家以园林砖、窑变砖、文化艺术砖、

青砖青瓦、古建砖等各种烧结砖为主要业务的民营企业。随着多年的发展，建成了以“园林式工厂”为特色的生产模式。在组织架构方面，公司设有人事综合部、生产技术部、质量质检部、财务部、销售部与工程部六大部门。在人力资源管理方面，公司拥有多名从事陶瓷行业多年的专家与技术骨干，经过艰苦创业与开拓进取，形成了“团结、实干、求精、创新”的企业文化。

在产品创新方面，M青砖企业成功申请4项窑变砖隧道窑技术专利，构成了技术上的比较优势。目前，企业拥有90米现代化隧道窑1条、140立方米大立式现代仿古窑2座、60米烘干线6条，可确保严寒酷暑等极端天气的正常生产，每月可生产各类烧结砖1760余吨。以此为技术依托生产的烧结砖，品质良好，具有高强度、耐酸碱、透气透水等特色，是建设“海绵城市”的环保建材。

（二）青砖的发展现状及前景分析

青砖是由铝硅酸矿物在空气中长时风化而形成黏土烧制而成的。将黏土与水按照一定比例混合后以砖坯的形式放入砖窑中以高温煅烧后便形成了砖。因其原材料中含有的铁元素氧化后成为三价铁呈现出红色而形成红色的砖块，即最为常见的红砖。若在烧制过程中采用技术处理，使铁元素不完全氧化从而呈现出青色，就成为青砖。[5]

两者相比较，青砖相对而言在古代运用广泛，因此在审美上更具古色故乡的韵味。青砖的历史也是相当悠久的。青砖最早出现在战国时期，秦汉时期由于土木兴盛而逐渐被广泛运用。事实上，考古学家根据我国河南安阳等地出土的文物推断，青砖的实际出现时间或比战国时期更早。青砖自能够被大量生产起，就成为我国重要建筑的重要建材，其中不仅有当时天子贵族所居住的皇宫豪宅，也有许多朴实的民宅建筑，以及以青砖为载体的代表中国古代建筑智慧的山水园林。秦始皇统一中国后，大兴土木，虽是劳民伤财，但青砖确实在这一时期得到了大量的运用，且这些青砖上还有匠人精致细腻的雕刻。如今几千年已过，朝朝代代的更替后，当初这些由青砖组成的建筑仍然以名胜古迹的形式出现在了我们面前。北京故宫的“金砖”在建筑史上被誉为中国青砖制作工艺的巅峰之作。据此可以看出：青砖是中国传统建筑中最重要的元素之一。无论是通过古代建筑的风水学说还是几千年的耳濡目染，中国人已经对青砖黛瓦具有一种审美情节。正因如此，我们才会越来越多地在各类城市的新建筑中发现这种具有几千年历史砖块的身影。

另外，随着我国人民物质生活水平的不断提高，对精神文明的需求也会不断增加。从文化角度看，中国数千年的园林文化沉淀和建筑风貌是由历史文化园林建筑遗存逐渐形成的，其中“青砖文化”是其重要的组成部分，而随着传统建筑文化的回归，许多城市建设与地标建筑都采用了青砖这种材料。成都宽窄巷子因其古色古香的街道吸引着许许多多慕名而来的游客，其建筑材料正是青砖。且就连星巴克这样的咖啡馆，为了迎合消费者的复古需求，也开始将店面设立在仿古青砖建筑中。在这样的环境下，青砖的生产不仅是作为普通的建材而生产，还是作为一种文化创意产品进行生产，也因此有着较大的市场前景。

对于企业自身现状而言，砖瓦企业的规模普遍都不大，个体实力无法与大型企业相比，而且通常都是民营企业。因此，砖瓦企业有必要积极展开与同类企业的合作，充分发挥行业领军企业的作用，借当前贸易全球化的东风和中国热的文化优势，结合国家“一带一路”倡议的提出，以联合、协作、建立产业群的方式，积极向国外市场开拓，这也是目前摆在砖瓦行业面前的重要机遇之一。

三、M 青砖企业的新品开发流程管理与控制现状

总体来说，M 青砖企业已经具备了新品开发的流程管理与控制的基本思路和意识。企业管理者越来越意识到，只有快速、保质保量地开发出符合市场需求与客户要求的新产品，才能铸就公司的主导竞争力。[6] 因此，M 青砖企业在新品开发过程中，运用多种科学的新品开发流程管理工具，建立了高效率的开发流程管理体系。比如说，尝试着在新品开发的前期准备上花费更多的精力进行需求分析与市场细分分析；在新品开发过程中，运用责任分配矩阵与计划工期梳理每一个流程并进行控制。这些都是 M 青砖企业为建立较为规范的新品开发管理流程而做出的努力。但是，由于企业过去作为陶瓷生产企业，长期进行粗放型生产，流程管理与控制的思想基础较为薄弱，相关的管理技术不够成熟，员工的创新意识不够强烈，因此，M 青砖企业的流程管理与控制仍然存在许多问题。也正是这诸多问题，造成该企业的本次新产品开发在时间上有所推迟。

（一）发现与立项阶段：市场调研与可行性分析

根据新品开发的流程理论，在新品开发立项之前，需要做大量的概念孵化、筛选的工作。[7] 大量关于新品开发失败案例的研究表明，大多数失败都是由前期活动存在的缺陷导致的。因此，M 青砖企业的管理层对前期的市场调查与项目可行性研究十分重视，在新品开发前详细地做了一些新品开发的需求分析与市场细分分析。

1. 发现阶段：新品开发的需求分析

在市场营销理论中，新品开发成功的因素主要有以下五点：一是了解用户需求和市场潜力；二是企业研发能力强；三是企业各职能一体化；四是企业高层领导支持；五是企业能与外界科技网络建立相互联系，且愿意承担风险。[8]

由此可见，新产品开发流程第一步的关键点就是需求问题。只有“刚需”才可以造就真正成功的产品。而需求可以是市场本身存在的，也可能是被企业所创造的，无论哪种情况都要求企业的新品开发者必须透彻地理解顾客的需求，确保顾客的利益观点与对产品的期望值能够在新品开发的各项决策中得到有效表达。这也是新产品最重要的竞争力来源，没有透彻理解需求的产品是不可能长久占领市场的。

M 青砖企业在对市场需求进行分析时，主要聚焦于三点：一是从旅游需求出发。四川人杰地灵，拥有着丰富的旅游资源，近年来，随着古镇、古街的大规模开发和建设，对仿古建材的需求将更加增多。二是从城市的建筑文化需求出发。随着近年来对中国传统建筑的审美回归，许多城市中的商圈、度假屋、中式餐厅、中式茶楼、私人会所、园林、公园，都开始采用仿古青砖，试图以此从形式上增加城市的文化和历史底蕴。三是城市建设的环保需求。随着近年来温室效应的不断加剧，气候更多变，青砖因其独特的吸水性、吸热性，能够起到一定的降温、保温作用，将对气候起到正向的调节作用。[9]

在需求分析这一步骤上，M 青砖企业结合了自身所在的区位优势、文化优势，可以说是比较成熟的需求分析。从这一步来讲，在新品开发流程管理的第一步——新产品概念的提出是有合理依据且经过一定的筛选过程的。

2. 入口筛选：青砖新产品的市场细分分析

根据前文的介绍，M 青砖产品在新品开发前已经对市场需求进行了较为严谨的分析。在此基础上，企业应该根据不同市场的差异进行定位，来进行市场细分，以此获得更大的经济收益。第一，在进行市场细分前，应该明确青砖新产品的特征：青砖新产品在抗氧化、水化、风化等方面的性能明显要比一般常用的红砖更好。第二，新砖新产品细分下去又可以分为贴墙青砖、砌墙青砖、铺地青砖三种类型。

贴墙青砖对工艺的要求较高，生产流程更为复杂。如果 M 青砖企业要占领这块市场，投入新品所需开发的成本、时间、精力将会很多，而 M 企业作为一家民营企业，无法在新品开发的概念环节就承担过于高昂的开发费用。而砌墙青砖和一般的铺地青砖则相对来讲工艺更为简单，根据 M 企业的隧道窑技术，能够实现大批量生产，且与原来的产品相比，成本降低了，生产时间也缩短了。据此，M 青砖企业将砌墙青砖和铺地青砖细分市场作为新产品的目标市场，并据此制定了相应的营销组合战略，主要有以下几点：

首先，在产品方面，致力于砌墙青砖和铺地青砖的生产，保持绝对的优秀质量，每一批出窑的青砖新产品都必须经过质量检测。其次，在分销环节，分销到合作的每一个分店和建材市场。再次，在价格上，由于新产品的成本降低了，可以保持单一的低廉价格。最后，在促销方面，主要是通过老顾客和建筑公司、开发商的合作，以满意的质量寻求长期的合作。同时，积极开发线上的销售平台，借助互联网推销产品。

对 M 青砖企业的青砖新产品而言，进行市场细分分析是十分必要的，这将有利于企业更加明确目标市场并以此选择营销路线。正在发展的青砖企业，无法同大型企业在同一市场竞争，也没有成本将产品线做到面面俱到，因此，最合适的办法就是通过细分市场，着力于某一类产品的优化，以此适应市场并培养用户黏性。另外，对于中小企业来讲，人、财、物的资源都是相当有限的。利用细分后的市场选择，企业可以结合自身情况选择适合自己的目标市场并能够根据目标市场的用户需求集中发力，去争取细分市场上的有力竞争位置。

（二）开发阶段：M 青砖企业新品开发项目的流程管理

1. 开发团队的责任分配矩阵

责任分配矩阵是新品开发流程管理中进行的一种分工方法，主要是对新品开发中的成员进行一定的分工。有了分工，自然就需要有责任人，这样一对一的责任制度，有助于责任明确，同时，也能让企业的管理者能够更一目了然地找到责任人进行沟通，节省时间，提高效率。M 青砖企业在此次新品青砖开发的过程中，最初也设立了相应的责任矩阵。主要方法是根据各个部门所负责的事务进行分隔，将一些职能部门的负责人指定为主要负责人并向全体新品开发成员发布。这样既能增强各个部门的合作意愿，也能保证各个部门能够沟通顺利。比如，根据门径管理理论，在第一步——新品开发的概念提出后，要经过审核与筛选才能进入新品开发的下一个流程。而这一步的筛选工作，可以交由技术部门进行分析，技术部门就是该项流程的主要负责人；但同时，关于新产品的概念是否被合理地评估，也需要市场部门的支持，则市场部门就扮演了支持者的角色。[10] 表 1 中的 R 是 Responsible 的缩写，是责任人的意思，而 S 是 Support 的缩写，是支持人的意思，意味着需要哪些部门的支持。M 青砖企业进行新品开发进程之前，对各项工作进行了责任分配。责任分配矩阵如表 2 所示。

表 2　M 青砖企业新品生产的责任分配矩阵

工作内容	阶段	市场部	技术部	研发中心	生产部	QC 部	设备部	计划协调中心	采购及财务部	销售部
青砖行业的发展趋势资料收集与分析	1	R								
成都乃至四川地区青砖建筑使用情况	1	R								S
四川省竞争现状及竞品市场表现研究	1	R								S
提交新品开发申请及概念说明	2	R	S							
提交各相关部门进行论证	2	S	R							
新产品的外形、技术参数设定	3		S	R	S	S				
新产品生产工艺指标的设定与检验	3		S	S		R				

续表

工作内容	阶段	市场部	技术部	研发中心	生产部	QC 部	设备部	计划协调中心	采购及财务部	销售部
对试烧的青砖进行相应测评	3		S	S		R				
根据确定的生产工艺对生产线进行改造	4			S	S		R			
原材料选取及投入标准的制定	4		S	R	S			S		
新生产线上生产出来的产品质量检验	4		S	S		R				
测试新品的目标市场的选择	5	R								S
新品市场营销方案的制定	5	R							S	S
新品价格体系的制定	5	R							S	S
营销方案的执行	6	R								S
新品市场表现跟踪报告	6	R	S							S

利用矩阵式项目管理结构和责任分配矩阵，各部门在新产品开发过程中的角色和职责都变得非常明确。各部门根据各自的职责与相关部门进行沟通和对应地联系，能有效避免因责任不清、分工不明产生的扯皮现象，有利于项目的顺利发展。同时，责任分配矩阵也是估计项目活动持续时间的依据。不同的部门控制不同数量和质量的资源，而将它们通过责任分配矩阵的形式明确并整合起来，这对每个部门完成任务的时间有很大的影响。

2. 青砖新产品开发活动工期估算

对于建材行业来讲，新品开发过程会涉及方方面面的活动。据此，M 青砖企业根据各项工作之间的先后顺序，对划分出的各个活动单元所需要的完成时间进行估算。因为只有将每个工作单元的工期全部梳理完并设定具体的时间之后，才能该合并的合并、该并行的并行，以节省时间并清楚地计算出整个项目所需要的总工期。

在新品开发过程中，时间是极其重要的，这是因为开发时间的长短影响着投入市场的时机。同时，计算出了项目的总工期，则能够以此为依据，制定出较为准确的进度计划。M 青砖企业在开发阶段，会依据新品开发中各项具体工作的工作内容、资源情况，以及如天气、温度等其他相关信息，估算出每项工作的持续时间，进一步识别出哪些活动是可以通过异步开发来节省新品开发周期的，从而计算出该项新品开发项目所需要的总时间。通过产品开发活动工期的估算，能够避免企业陷入一种漫无目的、懒散的开发状态。但同时，活动工期计划的编制也需要合理、客观地进行估算，确保达到高效工作的目的。

如果各项工作所需工作时间估算得太长，则会延长整个项目的工期；如果估算得过短，就会造成工作被动紧张，为抢时间而忽略了项目质量。因此，需要合理、客观地对项目工期进行估算，从而确保估算出的时间是完全可以实现的。在进行时间估算时，一些随机或不确定事件有可能对活动时间产生的影响也需要考虑在内。

M 青砖企业根据各部门在新产品开发过程中所承担的职责与分工，以及各部门完成所属工作通常情况下所需要的工作周期，汇总如表 3 所示。

表 3　新产品开发各阶段所需时间

新品开发阶段	所需时间（周）
需求调研阶段	3
项目论证阶段	5
研发阶段	11
产品试生产阶段	12
产品试点投放阶段	11
正式投入市场阶段	8

资料来源：M 青砖企业内部数据整理。

通过表 3 可以看出，M 青砖企业在青砖新产品的开发过程中，从新品概念的产生到正式进入市场，所需要的时间一共是 50 周。由于每个环节都是一环扣一环，但由于青砖企业在试生产阶段进度有所延误，所以最终的 M 青砖新产品大概延期了 17 周才得以上市。这也是由于每一个环节管理中存在一定的问题，才导致该新品开发并没有在预期的工期完成。据此，本文也将在下文的分析中进一步探究该企业工期之所以延误的原因，并试图找出问题的解决方案，这也是本文研究的主要目的之一。

（三）新品开发流程管理中存在的问题及成因分析

尽管 M 青砖企业已意识到新品开发在企业长久健康发展中的重要程度，也逐渐找到了新品开发的方向，即运用液态天然气清洁能源与隧道窑新技术进行青砖的清洁生产。新能源的运用能够降低成本，隧道窑的使用能够促进新技术的发展，促进清洁生产，而企业管理层也具备了要建立新品开发的流程与控制体系的能力。但就目前来看，该企业的新品开发流程管理仍然存在一些问题，阻碍了新品开发流程化与标准化的进程。其中主要是，新品开发的流程管理思想未得到全体员工的重视，未建立高效的新品开发团队，以及未实行严格的流程准入机制。

1. 流程管理思想未得到全体员工的重视

M 青砖企业在实行新品开发之前，曾邀请相关专家团队对企业的新品开发给予建议，提出要在新品开发中实行流程管理。公司管理层也具备要将企业管理变得更为标准化、高效化的意识与决心。据此，在新品开发的概念提出后，公司召集各个部门进行了商讨，对新品开发的可行性与目标市场进行了探讨，并敲定了新品开发的决定。同时，公司还对各部门进行了责任分配矩阵的安排和工期的估算。从顶层设计上来讲，M 青砖企业的管理层已经有了坚定的决心和前瞻的意识，要对 M 青砖企业目前这种无流程化、散漫化的现状做出改变。

但是，由于 M 青砖企业在生产青砖的过程中，烧窑工人大多文化程度不高，仍然奉行着老一套的现场管理方式，所以他们的工作就仅仅是确定生产出产品，其他的一概不管，这也造成了技术部门与销售部门、开发部门的沟通脱节。在公司中，由于现场的工人有着烧窑的技术，且大部分都是从事砖瓦烧制行业多年的老工人，大多数都对与其他人的沟通不放在心上，市场部门、销售部门、研发中心等前端部门的沟通意愿被阻隔在外。这就造成顾客的需求与意愿没有最终被反馈到生产者这一环节上的情况，因此也就造成新品开发的计划工期被延误，一旦被延误，各方面的费用会增加，这就相当于变相地增加了新品开发的成本。

因此，仅仅公司管理层重视新品开发的流程是不够的，流程管理不是在新品开发前做好各项计划就一劳永逸的，而是需要在每个阶段都进行严格的控制，设置严格的、标准化的准入流程。同时，企业要实行新品开发的流程管理与控制，还需要全体员工都具备流程管理的意识，并将其运用并落实到日常的生产活动中，这样流程管理才能够顺畅无阻地得以实施。

2. 未建立高效的开发团队

对照其他优秀企业的新产品开发流程管理，M 青砖企业在流程管理的人员保障方面，还有一个不足在于没有建立起一个好的开发团队协同作战。一个良好的产品开发管理团队，能够整合各方面的资源与信息并对各个开发环节给予严格的监控，确保新品开发的每一个步骤都能够在保证质量的情况下按时完成。但是，M 青砖企业的新产品开发流程依旧是按照职能部门划分的，缺乏严格控制，容易造成管理混乱：表面上看，有输入和输出，但由于不同部门之间的职责不够明晰，项目负责人没有得到充分的授权，研发人员的工作很辛苦，但整个项目小组的运行效率却较低，结果是产品开发周期延长了，成本提高了，顾客的满意度却不高。

在管理活动中，根据法约尔（亨利·法约尔，法国管理学家）的十四项管理原则，命令统一原则是必须遵循的原则，即每个下属都只接受一个上司的命令。如果分散作战，矛盾很多。譬如，生产部门的人一会儿听市场部门的反馈，一会儿听销售部门的反馈，当两者意见不一致时，究竟该听谁的呢？而且，最终的决定人仍要对企业负责并由自身部门承担所有责任，这就自然造成任何一个部门都不愿意听从其他部门意见的情况出现。各职能部门负责人甚至高层管理者，把主要精力花在处理各种矛盾纠纷上，没有集中精力解决更重要的问题，如流程的优化、质量和效益的提高。还由于开发战略不够清晰周密完整，责任不够到位，出现很多不合理现象，不能及时纠正，导致事故和失败频发，也没有人对事故和失败的结果负责。而建立一个开发团队并制定负责人，就是要在整个新品开发过程中维护命令统一的原则。同时，这也意味着开发团队的负责人将对整个开发团队负责，责任的压力也将更好地驱动工作在计划时间内完成。

3. 缺乏风险管理与控制机制

一个好的创意，往往能造就一家好的企业。创新业务能使企业在生产技术、产品特性上有很大的提高，甚至可能生产出全新的产品，一旦获得成功，则会获得丰厚的利润。但任何企业的新业务或新产品的开发过程都具有创新性、效益性、风险性、过程性、周期性。风险性是新业务和新产品开发的重要特征之一，企业从事创新活动都必须经受风险的考验。

新产品开发的风险收益规律表明，对于任何一个新产品，店铺推出都面临着较高的技术风险，要想成功地创新，就需要对风险进行有效的管理。[11] 这是因为：企业的新品开发活动往往意味着巨大的资金投入，且每个环节不能中断，必须保证供应，才能使新品开发的每一个流程都能持续下去。企业由于在经营过程中出现财务困难，或某阶段新品开发活动需要的特定数量的资金无法筹集到，就可能导致新品开发的中断或者失败。

M 企业，在财务方面，对于新的项目的资金计划，虽然有一个整体的预期，但往往没有固定的标准，都是根据项目的执行情况，随时改变最初的项目计划，造成财务上的不可控制。也一度出现资金紧张的情况，虽然都顺利克服了，但仍然应当引起足够重视，否则很有可能出现严重的后果。因此，缺乏风险管理与控制机制也是该企业新品开发潜在问题。

4. 新品开发的流程管理缺乏持续性与一致性

尽管 M 青砖企业在新品开发活动一开始时，管理层制订了周密的计划，在概念筛选与准入阶段都做了大量的工作，但是在开发过程中，计划执行起来始终很困难。总体来说，公司的管理层在新品开发流程的管理和控制上，还是足够重视的，但是对于新品开发每个流程执行目标的标准设定与控制，以及如何把信息传达给下属这种执行的理念，还是没有很好地与下属或中层员工进行有效的共通。

由于没有建立统一的标准，即哪一个流程要做到哪种程度才算完成，而一些管理活动也确实无法使用能够量化的考核指标，因此，在新品开发过程中，常常出现在做计划时很乐观，在执行时候却大打折扣，最后的结果也只是差强人意。因此，如何确保企业在新品开发的各个流程都具备持续性与连贯性，也是摆在 M 青砖企业面前十分迫切的问题。

四、基于 SGS 理论的 M 青砖企业新品开发流程管理与控制的优化建议

在采用门径流程管理的分析工具对 M 青砖企业在采用隧道窑这一新技术与

液化天然气作为新型能源来开发、生产新产品的过程中存在的问题及原因进行的探析后，本章将选取 SGS 门径流程管理理论为指导，针对 M 青砖企业存在的问题提出改进建议，以促进 M 青砖企业在新品开发项目的健康发展。

（一）发现阶段与入口筛选的优化建议

发现阶段是新品开发流程管理中十分重要的一个阶段。在这个阶段，主要是确定三个重要问题：市场需要什么样的产品？企业应该将产品做成什么样？能够将新产品做成什么样？第一个问题是面向市场，在充分理解顾客的需求与期望；第二个问题是在挖掘市场需求后构建出一个产品的创意概念；第三个问题是回到企业，审视企业是否能创造出相应的产品，同时该产品是否符合企业的战略发展方向。解决了前两个问题就是完成了发现阶段，解决了最后一个问题则是完成了入口筛选阶段。

普遍来说，企业的发现阶段往往决定着该企业的未来。[12] 在这一阶段，重大的新产品的机遇是多项活动协同后产生的。结合前述 M 青砖企业流程管理现状与存在问题的分析，M 青砖企业在这一阶段还有以下几点可以优化的地方：

1. 调动全员积极性，利用整个组织的创造能力

要建立 M 青砖企业新品开发的流程，并通过管理与控制确保流程生效，提升新品开发的成功率，就必须重视科学管理理论的应用。重视科学管理的运用既能够提升企业的实际操作水平，又能够促进全体员工按照高效化、标准化的过程进行新品开发活动。泰勒的科学管理理论最重要的一点就是任务意识，同样地，在新品开发过程中，任务是什么，任务完成的标准是什么，都应该由管理者制定并向员工发布、解说，并对未按要求完成任务的行为给予一定的惩罚措施。

第一部分新品开发流程的理论中介绍了四种主要的新品开发管理理论，其中门径管理流程是目前各个企业中运用得最多的新品开发流程管理。加拿大 McMaster 大学商学院营销学教授 Robert G Cooper 提出的门径管理流程是在对大量新品开发成功与失败案例进行实证研究的基础上，提炼出新产品开发成功与失败的共性因素，将各项重要的成功因素和新产品开发目标一并纳入新产品开发流程，同时注意克服了以往新产品开发活动存在的严重缺陷，从而使门径管理流程与其他新产品流程相比具有明显的优越性。据此，要加强青砖企业的新品开发流程管

理，进一步保障新品开发的成功、准时、保质，建议该企业的管理者应当重视企业员工的再教育，通过邀请专家进行员工培训和考核的方式，促使包括在生产第一线的工人，都能对流程管理有所了解，对新品开发的流程有一个全面的认识。通过以上方式，增强员工的流程管理意识，确保员工按照流程管理的要求工作，保证企业内部各部门沟通顺畅。

这样一来，全企业的成员都能以各种形式加入到新品开发的团队中来，而不仅仅局限于项目组的成员，这是新品开发发现阶段的重要内容。

2. 进行组织结构改造

M 青砖企业目前的组织结构是以职能为中心设立的，在新品开发阶段，没有建立新品开发团队，因此新品开发人员虽然肩负着新品开发的工作，但都身处不同部门，分散作战，难以被召集在一起，更遑论信息的有效流动与沟通。从这个意义上来讲，M 公司的新品开发流程管理始终缺乏一个精明有效的团队，因此开发计划只是在公司各职能部门之间进行工作协调。这种组织结构造成新品开发人员只关注自身工作及自己手头的业务，而忽视了新品的开发工作。这也是新品青砖的最终出产时间比开发计划延误很久的原因。从新品开发的流程来看，需要进行大量的讨论、汇报、审核，最后才是执行与反馈，这意味着新品开发是需要公司内部进行联动工作的。在 M 企业原有的新品开发组织模式下，一旦部门之间的讨论出现不一致的观点和冲突，协作不能顺畅，就会缺乏一个强有力的权威介入，而现在，普遍是需要汇报公司高层管理来参与沟通解决疑问。但显然，公司高层应该进行战略上的指导而不是事无巨细地为部门间的争论出谋划策。这样不仅会使新品开发工作陷入琐碎、令人厌倦、拖延邋遢的境地，也会打击开发成员的工作热情，使之开发新产品的兴趣和信心大大降低，工作效率低下，不能按时完成开发任务。

因此，在组织结构的改造上，最重要的一点就是成立新品开发部门，设立专门的新品开发项目负责人。在新的组织结构中，新品开发项目负责人通过公司高层的直接授权，专门管理新品开发事宜并承担责任，通常设置较高级别。该负责人要具备统筹调度的权力和实施能力，并且能够根据市场变化情况，迅速、及时地给采购部门、生产部门下达计划。同时，也可以将采购部门、生产部门的现状，快速反映给销售部门和技术部门，以促进信息的流通，达成协同作战。新品开发项目负责人作为整个开发流程管理中的核心人物，不仅要预测市场的变化和需求，从而对所管理的产品进行生产计划的制订，还要与技术人员沟通，对于产品的改进、升级等事宜进行决策。[13] 新品开发部门负责人作为流程的总指挥，全程控制新品的采购和生产计划，负责新品的试制和试验工作。同时，根据流程的设计，在上个流程结束且进入下个流程的每个关口，还应当设置阶段负责人和相应的工作团队。这种项目阶段负责人和参与支持人制度，将有效保证项目开发进展和推进效率。

3. 加强团队建设

M 企业要建设有机式、开放性团队组织。注重团队内的建设，倡导开放、融洽的团队合作环境，保障信息在内部的充分流通和共享。可从以下几个具体措施入手：

（1）开发团队与企业各职能部门之间必须增强沟通、统筹协调和密切合作。一般而言，新产品的开发团队是企业内的一个特殊的综合部门，开发过程中必然需要各职能部门合作，共同完成任务，开发团队建设的关键任务就在于建立跨部门间充分、有效合作的机制。

（2）重视团队内外市场营销和直接销售人员的作用。实施市场导向，信息来自市场一线人员，尤其要听取他们的反馈，得到他们的配合与支持。

（3）提高对开发人员的管理和激励。对开发人员的管理，除组织结构管理外，作为产品创新的实施主体，对其工作绩效进行管理，提高员工参与创新的积极性和加强激励措施等，也是直接影响新产品开发进程的重要因素。具体的管理和激励内容主要包括：在做组织结构的设计时，给每个团队成员的职务责任明确定位；倡导市场导向的文化内涵，明确市场导向的管理要义；推动员工之间的合作，提倡互相开放信息，无保留沟通，并尽可能体现在绩效考核中；注意培训和提高员工的专业能力；不断关注员工在创新管理中的知识积累，以及学习能力的不断提升。

（二）立项阶段与入口筛选的优化建议

在立项阶段，最主要目标是将发现阶段提出来的创意落地，将一个大目标分解成一个个可以被不同的部门分步骤实施的、详尽的、可被人为控制的新品开发规划。通过立项阶段的工作，将强化对开发过程的管理控制，也将有助于缩短产品开发的周期。

在 M 青砖企业的新品开发流程管理过程中，立项阶段的战略思路不是很清晰，缺乏可行性研究与风险研究，故主要有以下两点优化建议：

1. 制订新产品战略计划

新产品的战略计划将有助于识别产业中或市场中的变化、错位或者漏洞，而变化、错位或漏洞常常意味着新兴的市场和新产品的机会。我国知名企业家、小米手机的创始人雷军曾说过一句话：不要用战术上的勤奋掩盖战略上的懒惰。在企业管理学的三大层次（战略层、战术层、运作层）中，战略层代表着企业发展在宏观方向的把控。如果忽视了新产品的战略计划制订，则很可能让底层员工在运作层面上疲于奔命、不堪重负却效果不显著，也会让中层职工对战术层面产生困惑而自我怀疑，最终新产品开发的结果肯定也会不理想。最好的公司都是将新产品开发的运作建立在新品的战略基础上的，这是因为只有从项目之初就紧密围绕项目战略而进行，项目才有较高的成功概率，正所谓“做正确的项目而不是做大量的项目”[14]。

因此，在新产品开发活动中，企业管理者应该花费更多的精力，听取更多的意见，制订出新产品的战略计划。制订新产品战略计划总体来讲应包括以下步骤：首先要对市场进行评估，并就公司目前的各方面状况进行分析；其次是列举出所有可能存在的行业变化、错位、漏洞，这是识别机会的过程；最后最重要的步骤是对以上可能的领域进行深入分析，评估机会，选择拟进入的领域。具体来说，要做以下工作：

（1）战略分析。可采用波特五力分析或 SWOT 分析对公司现状进行全面分析，优势、劣势、机会和挑战等因素都是影响公司决策的重要因素。这种战略分析主要聚焦于公司的内部评价，评估公司究竟适不适合、有无能力进行新产品开发。

（2）确定构思，定义新产品的特性。就是对顾客产生的领域进行寻找。在这一系列工作中，需要对你客户的产业进行评估，以识别出最优吸引力的领域，也就是说，以客户产业的某些阶段或部分为目标市场安排开发活动。同时，调查顾客的呼声和意见，邀请重点客户一起配合工作，以辨别出一些新出现的、尚且没有被满足的顾客需求。这些需求正是新品要产生的领域，应试图寻找解决方案。

（3）选择适当的市场。合适的市场，一是要满足需求，二是要符合公司的产品优势。对 M 青砖企业来说，目前文创产品类建筑与普通城市建设的青砖市场应当成为重点目标市场。

（4）制订战略计划。M 青砖企业应当根据市场和客户的行业分析优势和核心竞争力，在完成原有市场识别及其他的顾客群、应用情况和技术分析后，最终制订出相应的新产品战略计划，这将是指导整个新品开发流程的蓝图与计划书。

通过战略计划的制订，并完成自上而下的传递，让全企业的员工都能对公司新品开发的方向、路径、方法、计划有全面的了解，能够促进新品开发流程的顺利推进。

2. 增加风险分析与风险控制的环节

企业的新创业务和新品开发，本身就是有风险的活动。新品开发的过程中，会遇到许多难以预测的因素，且市场本身也是瞬息万变的，存在着许多不确定性，因此企业新产品的诞生总是具有较高风险性的。国外统计资料表明，一般的研发项目中，新品开发项目通常只有 2/3 的成功率。新品在开发过程中往往在市场上有较少可参考的对象，因此很难控制其成长的过程，从最初的投入到最终的产出，都是难以预测的，在项目的初始阶段企业往往对新品都只有一个概念性的印象。

因此，在新品开发过程中，建议 M 青砖企业建立相关的风险分析与风险控制环节，在项目起草规划阶段就应当实施贯彻整个项目起始阶段的风险评估工作和制订风险控制计划。M 青砖主要可采取以下三点措施提升其风险控制能力：

（1）成立风险管理委员会，采取新品开发风险识别检查表进行新品开发过程中的风险自查。这种方法的优点在于节省成本且能对风险进行整体把握，但也存在不够专业的缺点。

（2）聘请风险管理专家进行企业诊断。这种方法的优点是更加专业，能够从第三方的角度对企业进行诊断，常常会发现一些企业管理系统往往潜伏着风险。缺点是不能长期进行诊断，且专家往往对企业的实际情况不甚了解，提出的建议可能不甚可行。

（3）在新品开发过程中，按照门径流程管理理论的每一阶段的入口筛选原则，设置决策项。也就是说，在进入下个阶段前，在入口处，根据先前的风险评估结果，设置决定新品开发的活动要不要继续进行的选择。如果存在风险较大的情况，应当停止下一步开发，这种风险管理的方法旨在及时止损，避免风险扩大。

（三）开发阶段与入口筛选的优化建议

在开发阶段，必须做到的就是监督、保障、控制立项计划的有力执行。打通各个部门之间的信息渠道，确保沟通顺畅；确保各个环节的人力、财力、技术资源的供给；另外在每个时间节点要确定责任人，确保按时完成相应的开发工作。而针对 M 青砖企业现存的问题，有以下优化建议：

1. 确保开发流程的一致性和关键任务的执行质量

能否成功开发新品不仅仅是靠运气，而是可控的。新品开发成功与否很大程度上掌握在领导该项目和为之工作的人们手中。很多关键的活动，如它们执行的好不好或者是不是被不打折扣地执行了，都在很大程度上影响着最后的结果。经历发现阶段及立项阶段的入口筛选后，企业将敲定新品的开发计划并付诸于实践。在市场调研与资源保障准备充分的情况下，新品开发进入流程管理的第三个阶段，即开发阶段。在此阶段，最重要的就是保持开发流程的一致性，一致性包括以下几点：

（1）管理人员的一致性。新品开发团队的领导者不能被随意更换，各个部门的负责人也不能被随意调动，以保证所有的活动都处于熟悉标准的负责人的控制下。

（2）财务资金的一致性。新品的开发阶段往往需要大量资金投入，而这一阶段往往是企业的老产品处于生命周期的成熟或衰亡阶段，无法再创造大量的盈利。因此，企业需要在前期做好财务规划，确保产品开发阶段的资金充足，避免因为资金链的断裂而造成开发的终止或开发周期的延长。

（3）技术规格的一致性。新品开发流程的开发阶段，简而言之就是新品大量投产的阶段。在产品技术规格上，应当进行严格的质量管理，做好品控，杜绝技术不过关的产品流入市场。

另外，开发阶段各项活动的执行质量是成功最重要的因素。按照门径流程管理理论，每个阶段的各项活动最终决定着阶段活动的完成情况，前一阶段的完成情况决定着新品能否达到“入口筛选”的标准而进入下一阶段。因此，若开发阶段的执行质量完成度不佳，那必然会受到影响投放市场阶段。

针对以上这些问题，M 青砖企业要想建立良好的新品开发流程管理与控制体系，就必须确保开发流程的一致性和关键任务的执行质量，这一目标又需要通过以下几项措施的执行而得以实现：

（1）重视新品开发的过程。公司的流程再造，是 20 世纪 90 年代的热门话题之一。许多公司都采用新品开发过程作为解决混乱无序、无法保证执行质量的解决方法。一个设计完善的过程是一张地图或者蓝图，它设计出了那种实施恰当的方案中所期望的一个阶段接一个阶段的关键的步骤和活动，这些过程规定了各个阶段的终止点和交接点，并使之包含于最优的操作中。

（2）通过教育和培训提升员工对于流程管理的意识。只有全体员工都具备了这种意识，他们才会在新品开发的实践过程中自发地去维护每项执行活动的质量。如果说流程图为员工们设立了标准，那么教育和培训的目的就是让员工们产生自发去达到标准的意愿，这种意愿建立在对流程管理这种方法的信任和认同上。他们知道这种方法的应用不仅能为公司带来收益，也能节省自己的劳动时间。

（3）不断调整新品开发的流程。根据环境的变化来做一些改变是管理活动的常事，对于流程管理也是如此。管理者要时刻对新品开发的流程进行审视，看看开发过程是否符合标准，以及该过程在每一个阶段的设计中是不是考虑全面。一般来说，如果新品开发流程超过两年，就可能需要进行一定的调整了，因为市场是瞬息万变的。在此，还需要进行强调的就是：对于新品开发过程的研究和对于一般公司的研究没有太大的区别，真正的区别在于过程的本质，即这些过程中是否融入成功的因素即有效的实施。这是将新品开发流程与公司的一般活动区别开来的重点所在。

2. 资源必须到位

拥有一个一应俱全的新品开发计划并不能保证取得成功。除了计划，还需要有足够尽职尽责的员工及良好的资金支持。很多受制于资金、人员、政策限制而贸然启动的新品开发项目常常是伴随着非常高的失败率的。甚至很多管理人员都忽视了这一情况：随着市场竞争的激烈，许多公司都会进行结构重组或者规模缩减，企图运用更少的资源完成相应的工作，这自然是削减成本的一种举动。但是，如果把产品的创新当作一项必须削减的成本而不是一项投资，进行资源使用的限制或者削减，公司将为这种短视的节约付出代价。某些重要的流程，如以市场为导向的行动和开发前的活动受到资源不足的严重约束，比方说，进行市场调研是识别消费者需求的一项必要活动，但其需要耗费大量的人力、物力甚至财力并且在短期之内无法看到回报，很多企业可能会马虎对待。事实上，M 青砖企业在实际的青砖新品开发过程中，也曾经出现过资金紧张的情况，虽然并未造成严重后果，但这是值得警惕的。据此，关于如何确保“资源必须到位”，以下建议可供参考。

（1）审视目前手中是否具备良好的、足够的资源去实施该新品开发，并确保有足够的资源去执行流程管理中的每个步骤。

（2）如果公司现在的资源与新品开发的资源寻求之间存在一定的缺口，该如何进行处理？一般可分为两种思路：一是放弃该新品开发项目；二是寻找填补资源缺口的解决办法。总之就是在进行新品开发前，务必保证资金、人员、市场等资源的全部到位。

（四）市场投放阶段的优化建议：优化网络渠道

影响新品取得成功的因素主要表现为产品竞争力不足、利润率不高，产品的技术壁垒低、易于被模仿而丧失竞争优势，因此，为了提高项目成功率，必须提技术含量，提高产品竞争力和利润率。一般认为，这些由新品本身特质决定的因素在产品投放市场前基本上已确定了，但事实上，情况并非完全如此，企业依然可以通过合适的营销方式打败竞争对手。因此，在市场投放阶段，企业仍然有许多重点事情要做，比如在营销策略上下功夫，通过制定合适的营销方案找准市场定位，提高产品的竞争力和利润率。在这一阶段，M 青砖企业在传统营销与市场细分方面，已经累积了相当多的经验，并且也取得了相当大的效果。

但是，随着互联网时代发展的迅速，电子商务已经成为必不可少的渠道。要真正做出适合这一渠道的营销计划是不容易的，M 青砖企业新品的销售渠道仍然集中在线下。据此，在市场投放阶段，M 青砖企业应当重视网络渠道的利用。网络渠道的利用不只是一句空话，要将产品进行线上销售，不仅仅是宣传、潜在客户的寻找，还包括仓库管理与物流系统的更新等方面的工作。在这一点上，建议 M 青砖企业可以选择一家主要的电商平台而不是自己去再重新打造，借用主流电商平台扩展自己的网络销售渠道。

五、结论

本文在新品开发流程管理理论总结的基础上，结合青砖企业的自身特点，对公司新品开发的流程管理进行了深入研究。本文在充分考虑多种分析方法的特征上，选取门径管理理论为分析工具，对M青砖企业的新品开发管理流程的现状及存在的问题进行了分析，并在此基础上分别针对发现阶段、立项阶段、开发阶段、投放市场阶段该企业存在的问题提出改进建议。

当前，新品开发的流程管理理论已经被许多企业采用并取得了相当好的成果。在这样的大环境下，砖瓦行业作为一个传统粗放生产行业的代表，要及时转变发展思路，运用科学的理论方法与工具对企业的新品开发流程进行管理。如果砖瓦行业的管理者与广大员工能够重视新品流程管理，促进新技术的成熟与行业产品的升级，从而节约成本、促进环境友好，将有助于行业在新的经济形势下成功过渡，助力现代化城市、海绵城市的建设成功。

参考文献

[1] 赛伊，任月园. 六西格玛精益流程［M］. 北京：东方出版社，2010.

[2] 彼得·圣吉. 第五项修炼——学习型组织的艺术与实务［M］. 张成林，译. 北京：中信出版社，2009.

[3] VON BRAUN C F. The Innovation War［M］. N. J.：Prentiee Hall PTR，1997.

[4]［7］库伯·罗伯特·G. 新产品开发流程管理［M］. 刘崇献，刘延，译. 北京：机械工业出版社，2003.

[5] 舒尔兹·H. 陶瓷物理及化学原理［M］. 北京：中国建筑工业出版社，1975.

[6] 李若望. 精益之旅［M］. 广州：华南理工大学出版社，2011.

[8] 马建军. 市场营销学［M］. 北京：机械工业出版社，2010.

[9] 朱林杰. 现代青砖青瓦生产技术亟待创新发展［J］. 砖瓦，2013（11）：93.

[10] 谭文华. 生态文明视角的技术创新生态化研究——以产品创新过程为例［J］. 科学学研究，2014，32（1）：52-58.

[11] 麦克格拉斯. 下一代产品开发［M］. 朱备战，马建平，译. 北京：清华大学出版社，2005.

［12］杨士钦，伊丽莉．项目型企业中研发项目全生命周期管理研究［J］．机电工程技术，2012，41（10）：52-54.

［13］郝生宾，王媛．新产品开发速度研究综述与展望［J］．中国管理科学，2013，21（S2）：707-714.

［14］杨隽萍，唐鲁滨，于晓宇．创业网络、创业学习与新创企业成长［J］．管理评论，2013，25（1）：24-33.

Study on the Process Management of the New Product Development of Sichuan M Brick Enterprises

Xiaolong Feng

Abstract: The paper analyzes the new product development project of M Brick Enterprise from the perspectives of product overview analysis, technical environment, policy environment, and market environment. Based on this, it can be concluded that as a type of brick and tile building material, black bricks have the necessity of innovation and also have a new product market. On the basis of sorting and summarizing the basic theories of new product development and new product development process management, a diagnostic analysis was conducted on the current situation and existing problems of new product development process management in M Brick Enterprise. In response to the current situation of new product development process management in M Brick Enterprise, improvement suggestions for process management in the discovery stage, project initiation stage, development stage, and market launch stage based on gate management theory are proposed.

Key words: New product development; Process management; Black brick enterprise

创意管理评论 · 第9卷
CREATIVE MANAGEMENT REVIEW, Volume 9

创意与创业

Creativity and Entrepreneurship

CREATIVE MANAGEMENT REVIEW

与消费者共创共生

——熊猫桌游价格变化史

◎张　鸿*

摘要： 娱乐是人类永恒的休闲主题，随着生产力提高带来的休闲时间富裕是人类休闲娱乐的根本前提。虽然我国在战国时期就开始有六博棋等棋类游戏，但是本文所说的桌游主要是发源于欧美的现代桌游。桌游一经进入国内，便受到非常多年轻人的喜爱，笔者从业 13 年，见证了这个行业的发展。本文通过一家经营 13 年的桌游店来回顾熊猫桌游的价格变动史，让读者一览桌游的魅力和在国内蓬勃向上的发展趋势，同时也让读者通过本文了解在亚文化圈中小众爱好共创共生的实践操作。共创是玩家顾客群体的一种价值共创行为，熊猫桌游与门店客户的价值共创是本文研究的重点内容。

关键词： 桌游；共创；价格

在众多经济学教科书里的各种案例中，绝大部分都清晰地表明消费者对于商品的价格和服务是非常敏感的。然而在桌游这一亚文化圈子里，经过数十年的实体门店经营，我发现虽然很多消费者的确对价格十分敏感，但是仍然有一些对于小众文化狂热的消费者更在意的是与门店共创共生，携手店家维持一家门店的正常运转。这里通常是他们的一种情感寄托，也是他们的主要日常社交场所。当前火热的桌游店和剧本杀店，在开始阶段大部分都具备这个性质。本文主要梳理熊

* 张鸿，熊猫桌游创始人，熊猫爱玩亲子桌游创始人，国际财资管理师，四川大学 MBA 在读。

猫桌游 13 年来的价格变化及其背后变化的原因和动力等。

一、熊猫桌游开业

熊猫桌游是在 2010 年 5 月 1 日开始正式对外营业。在正式开业之前，熊猫桌游为积累原始客户群，在未正式营业前邀请朋友们免费来体验，直到 2010 年 5 月 1 日正式开业。在这一阶段，桌游在国内鲜为人知，只有极少部分受过高等教育的白领或者归国留学人士才有可能知道什么是桌游。犹如非常多的剧本杀店在开业之初都是让顾客免费打本来吸引玩家，一方面是为了达到宣传门店的目的，另一方面就是为了寻找原始客户群体。图 1 为风靡大江南北的“天黑请闭眼”桌游界面。

图 1　风靡大江南北的“天黑请闭眼”桌游界面

资料来源：百度。

当时在某些白领群体中比较流行的“狼人杀”游戏的前身“杀人游戏”，有着众多拥趸。这款游戏据说源自克格勃背景的心理博弈游戏，很快在这些桌游爱好者中传播开来。游戏中，不同的人扮演着不同的角色，每天晚上扮演“杀手”角色的人会“杀掉”一个人，然后扮演“警察”角色的人会查验一个人的身份，确认这个人是“平民”还是“杀手”。在白天，晚上被“杀手”“杀掉”的人会出局，然后大家就会在白天通过发言找出其他人的破绽，推断谁是“凶手”并将其投票出局。“杀手”在白天也需要努力通过发言来判断谁是“警察”以便将其晚上“杀掉”或者白天推出局。

很快，这种新颖的娱乐方式就在这些爱好者中传播开来。拿到身份的代入感、晚上“刀人”的快感、验明身份的正义感和白天唇枪舌剑的紧张感，这些要素全方位地调动着每个参与者的神经。于是，很快有人就很疯狂地爱上这款游戏，时至今日，仍然有不少“杀人游戏”的“骨灰级粉丝”在继续玩这个游戏。这个游戏固然很好玩，但是并不容易集齐那么多人。游戏的最低人数要求是 9 个人，最多可以 16 人在一桌玩。这种规模的娱乐活动天然的娱乐属性和社交属性将这些刚刚毕业的白领们聚在一起，大家下班后、放假后就会约上“杀”搭子或者一些新朋友来体验。图 2 为玩家手绘的桌游海报。

图 2　玩家手绘的桌游海报

资料来源：FUNCLUB 公众号。

那时，桌面游戏在中国拥有极度小众的市场，很多人根本不知道什么是桌面游戏。因此，那时成都的桌游店也是非常少的，2010 年熊猫桌游刚开业时，成都仅有不到 5 家桌游店。对于熊猫桌游的经营者来说，普及市场是一件非常重要的事情。当时，熊猫桌游对客户的体验价仅为 12 元/人，这个价格包括一杯茶水、当天不限时间地玩游戏。低廉的价格、愉悦的游戏体验，使许多人下班后就直接到这里一起玩这个游戏。甚至到后面，大家开始在熊猫桌游的群里面相约一起吃饭、唱歌、漂流，甚至有一天我回店里发现他们一群人在店里煮火锅。由于当时我还在上班，因此他们知道门店钥匙放在哪里，有时候他们甚至会帮忙打扫卫生、接待其他客人，帮忙当服务员甚至收银。他们当时笑谈："自助餐好歹还有服务员，在这个自助桌游店还得客串老板。"这时，这些会员客户已经模糊了他们的身份边界，好像他们既是消费者，也是这家店的股东，甚至是老板。

他们在这里认识了新的朋友，有人在这里找到了另一半并最后成功步入婚姻殿堂，还有人在这里获得了一些工作信息。这里俨然成为这群刚刚参加工作的白领的聚会平台，因此，熊猫桌游的第一家门店就成为很多人的青春回忆。

二、不一样的商业：顾客主动提议涨价

（一）熊猫桌游第一次涨价

时间回到 2012 年，随着物价的全面上涨，在客源未有明显增加的情况下，熊猫桌游的收入日渐不能满足其房租、人力和酒水等成本的上涨，门店第一次面临关店的危机。彼时，桌游仍然是这帮小众爱好者的狂欢。由于桌游的行业特性，老板和顾客关系都比较融洽，碍于一些情感上的因素，熊猫桌游此时确实不方便直接涨价。但是，经常来店里的玩家看出了门店经营上的窘境。一天在大家结束游戏之后，几位留下来跟我聊天的客户就咨询现在店里的盈利情况。我于是将店内盈利困难的信息和这些客户和朋友说了。此时，一位经常来玩的客户表示：现在这家店不仅是熊猫桌游的桌游店，也是他们这群经常来玩的人的桌游店；这家店存在的意义不仅仅是他们都很喜欢这里，很喜欢我这个和和气气的老板，更重要的是他们有这个据点可以无忧无虑地玩，这里就是他们在成都的第二个家。听了他们的这些话，我颇有一种正在上映的电视剧《爱情公寓》里面好

友们居住在一起的那种感觉。现在桌游店经营有压力、有困难，他们表示大家也有责任跟我一起把这个门店坚守下去。

当天晚上的聊天颇有一种熊猫桌游各位董事深夜开会讨论生死存亡的味道。在烟雾缭绕中，各位“董事们”达成以下几点重要意见：①桌游店应该维持必要的盈利，当前 12 元的定价有些低；②熊猫桌游价格上涨 3 元，最新定价为 15 元；③后面会号召更多的朋友来店里组局玩游戏以扩大营收。从公司角度来说，这种具有重要意义的会议应该公司闭门会议，但是熊猫桌游的这次会议确实是由几位顾客发起并讨论的。会议的核心内容是收费上涨 3 元，单价相比之前上涨 25%。这一涨价的消息立即通过客户在 QQ 群内公告，熊猫桌游第一次在顾客的主动提议下被动涨价。

涨价后的熊猫桌游果然恢复了曾经的朝气，我又看到了赚钱的希望会更加努力地去经营这家小店，客户们也如同先前说的那样，来店里的频次更高了一些，部分会员甚至会自己购买桌游放在店里供他们自己和其他客人玩。显然，这里已经不仅仅是一家商业性质的桌游店，还是他们休闲社交的乌托邦。

对于小众的亚文化行业来说，店主与消费者之间的商业对立属性偏弱一点，更多的是基于某种兴趣爱好的情感共鸣，这份价值认同和情感共鸣让消费者在消费时对价格的敏感度降低。情感体验主要指消费者在消费过程中能够触动内心情感，满足消费者的情感需要，吸引消费者产生购买意愿，并产生品牌认同（陈茜，2019）[1]。甚至此时，店铺环境等传统意义上的空间因素都不会成为商业上的障碍。还是以熊猫桌游为例，刚刚开业时，熊猫桌游是在居民楼里面的 18 楼，虽然公交车可以到达这里，但是进入门店需要转一趟电梯，还需要等楼里面的人进出开了门才能进来。由于在居民区，因此他们在游戏时甚至不能过于高声地讨论。后期 18 楼生意变好之后，他们在对面的一个简陋的培训室里面都能玩得很开心，丝毫不在意周边环境因素。在很多次与这群会员朋友的聊天中，我都认为，熊猫桌游的核心竞争力是店里这帮忠实的玩家朋友，是他们让熊猫桌游不断地发展壮大。

（二）第二次涨价

2014 年，熊猫桌游原地址房租到期，由于在居民楼里面有多种不便，比如难以完全解决的扰民问题，于是熊猫桌游第一次决定搬迁。与众多熊猫桌游的会员沟通后，熊猫桌游决定从之前居民楼搬迁到不远处一个商住两用的公寓，以解决扰民等问题。在一位会员朋友投资入股后，此时店铺面积相较于原址扩大了两倍，也聘请了一名全职店员守店，相应的房租等支出自然而然有了大幅度的提升。经过测算，搬迁后，15 元的门票收入显然无法维持店铺的正常运营。经过与会员等协商，熊猫桌游将收费价格提升至 20 元/人，涨价 33%。

在亚文化领域，大部分投资都相对轻量化，因此熊猫桌游店的搬迁有了新的投资者加入，新投资者也是这个领域的爱好者。他们一方面为这个兴趣消费，另一方面也希望从这里面分一杯羹。在许多桌游店和剧本杀店甚至是民宿，我们都能够看到大量的众筹股东，他们只需要投资很少金额就能成为一家店的小股东。大小不同的股东拥有不一样的权益和折扣权限，一般小股东都是单纯的投资并不介入实际的运营管理。

在桌游行业，许多开店老板的初心都是希望为这个行业做点什么。这个做点什么对于他们来说就是开一家门店，给桌游推新，拉更多的人加入。还有许多人由于在一家店玩久了，认识一些核心客户，就自己开一家店，认为平时自己也玩桌游，还不如自己开一家店，这样自己玩桌游既不花钱，还能依靠之前认识的玩家客群来挣钱，因此，许多玩家开始转化成老板。这也是亚文化领域一个非常明显的现象：玩家共创成为亚文化传播的中坚力量。然而，商业经营却不仅仅是一个简单的热爱就能搞好的，店铺从选址开始就带有极强的运营属性，因此我们看到大量这种入局的店铺一般在半年后就关门倒闭或者转让，理想化的经营终归抵不上现实经营的残酷。在 2017 年的巅峰时期，成都拥有大约 500 家桌游店，现在大部分已经消失，剩下的都是营业超过十年以上的老牌门店。

2014 年末，经过接近一年的运营，搬迁新址后的熊猫桌游虽然扩大了经营面积，但是此时桌面游戏依然小众，新客户提升较少，每月收入难以维持店铺正常运营，此时熊猫桌游面临关店的压力，在最危急时刻，甚至交不上房租。此时，再次是这帮跟随熊猫桌游的老玩家们在熊猫桌游不知情的情况下，直接在微信群里通知门店涨价至 25 元，涨价 25%。

如果说第一次涨价还有一个消费者会议让所有人都有预期，这一次涨价就显得甚至让我都有点意外和措手不及，因为这次涨价的发起是一个核心玩家（类似 KOL）在微信群里面通知的，我甚至都是在当天收银的时候才发现大家都主动多支付了5元。在这种兴趣社交构建的社交圈中，KOL在圈中发展的主导作用十分明显。[2] 至2014年开业4年的时间里，这群核心客户一直都忠实地追随着熊猫桌游。他们关心熊猫桌游的生存发展，也是在关注他们自己的青春记忆。从当时一位客户写的《舌尖上的16楼》中，可以看出当时的一些游戏场景和大家对待这里的感情：

"16楼的夜晚是浮躁的，无心顾及什么美味，老旧的电梯带你离开现实的生活，往往见到进入公寓的年轻人都能猜到他们是去熊猫桌游的吧。楼下的蛋炒饭、贵哥卤肉卷、兰州拉面或许是最快捷的，两位老板考虑到这些东西营养偏少，会友情赠送零食、畅饮的可乐雪碧，狼队友散的云烟，不到五分钟便吃完了，走进包间，坐在自己的座位上，沿着自己团队的计划，开始了新一轮的悍跳与发言。"

玩家在16楼（熊猫桌游的代称）这个乌托邦里面过着下班后的业余生活，他们在这里得到了兴趣社交和情感社交的满足。他们更愿意与熊猫桌游一起共创共生，一起来打造这座现实主义的乌托邦。玩家在这里获得的认同感、归属感、团体感，维持着熊猫桌游的生存，也是垂直兴趣社交的体现。

搬迁后的熊猫桌游迎来了自己的爆发，"狼人杀"游戏的推广普及让更多的人开始了解桌游，爱上桌游。甚至有一些夫妻会在周末专程坐车到店里玩，为此他们会在门店周围订酒店，因为他们周末经常在这里通宵游戏，白天睡一觉醒来继续。一般通宵的话我是不会守店的，跟之前一样他们在晚上12点以后就自己玩，玩到他们自己困了就撤。

三、商业化进程提速——熊猫桌游自主调整价格

（一）第三次涨价

2016年，当时各大直播平台甚至综艺节目都开始推广"狼人杀"，持续的媒体输出让"狼人杀"这款游戏吸引了大量的爱好者和粉丝，这一阶段也有大量的桌游店开业，前文也有记录开一家桌游店的投资其实是不大的，轻量化投资很容易让一个人成为老板。

2016年10月，熊猫桌游也乘势在新城市广场的商业中心开了一家550平方

米的超级旗舰店，当时门店大小在成都排名第一。从居民楼到商住公寓再到商场，可以看出熊猫桌游是一步一步完成自我升级的。除了门店大小和地理位置之外，熊猫桌游也从之前的“自助桌游店”升级成一个专业的服务型桌游店，实现从之前只聘有 1 名临时兼职到 7 名全职店员的转变。熊猫桌游是从这时才开始逐步走上正式商业化的道路。此时，各方面的成本也大幅度提升，因此熊猫桌游主动将价格调整至 30 元，涨价 20%。

这次价格调整就没有跟会员协商，也没有会员主动提出涨价。30 元的收费水平在当时的成都算是第一档收费标准，大量的中小门店依然还是在收 20 元或者 25 元，与我们店一条街之隔的一家小店收费也就 20 元。没有利润显然就没有服务，这是人人都懂的经济学原理。熊猫桌游在这时开启了品牌溢价，品牌溢价水平显著地表现出该品牌所蕴含的品质保证和市场接受度等。加大品牌推广力度，提升品牌溢价能力，企业就能够实现可持续发展，这是企业重要的营销策略转变。[3]

当一个行业还属于小众行业的时候，消费者对于店铺服务的容忍度很高，因为他们更加专注于游戏本身而非服务本身。但是一旦行业做大之后，大量新客户入局，桌游就不仅仅是一小部分人的狂欢，桌游就开始与密室逃脱、KTV、台球等娱乐业态争抢客源。这些业态除了本身的吸引力外，环境、服务和价格都是竞争要素。与之相比，30 元不限时间的桌游休闲仍然有着超高的性价比。

随着时间的推移，熊猫桌游的最早那批核心玩家逐渐成家立业，业余时间少了很多，于是来门店的频次少了很多。偶尔有老朋友过来会问问谁谁谁有没有来，或者有谁还来，那些属于他们青春记忆的人和事在我的回答中可能再次浮现在不同人的面前。时不时地，大家还会一起聚个餐，正应了熊猫桌游之前的一个口号“也许玩不了一辈子桌游，但是可以做一辈子朋友”。

由于“狼人杀”游戏的持续火爆，调整价格到 30 元后，门店在周末依旧爆满，客户往往需要提前预订周末的包间，否则周末来店里很难有包间。后面，熊猫桌游开始进行分段收费，从之前的 30 元不限时变为周末分为下午场和晚上场，收费依然是 30 元/场。这种变相的涨价得到了大部分来店消费者的认可。一方面，很多人玩一次游戏差不多也就是 5 小时左右，也就是说之前 30 元不限时对于大部分人而言其实有大量的消费者剩余；另一方面，许多年轻人时间观念不佳，很多人在确定了约局时间后仍会一而再地迟到，这样分为下午场和晚上场反而让更多的人为了玩到足够时间的游戏而准时到店。再有就是，之前未分段收费使部分客人可以玩一整天，导致其他客人没有办法进店体验，在降低翻台率的同时，也间接将客户导流到其他桌游店。这种分段计价规则在后期“狼人杀”衰落后就被废除，因为此时包间已经不那么紧俏和爆满。

虽然这一次的涨价没有与消费者直接商量，但从结果来看，消费者是认可了熊猫桌游的涨价行为，因为涨价没有影响门店的客流量。门店通过涨价获得了更多的利润。

价格变化也对客户进行了初步的筛选。虽然只是仅仅几块钱的差距，但是很显然愿意额外支付 5 元的消费群体的综合素质和消费能力都更高。相比之前，涨价后，要求折扣的客群比例显著降低，这给我们的工作也带来了一些隐性便利。对于客户来说，他们自然也不愿跟一些斤斤计较的玩家一起玩。不过对于之前的核心老客户，我们主动给予他们折扣会员价，让他们永远感受到熊猫桌游对他们支持的感谢。

（二）第四次涨价

2017 年，随着“狼人杀”这款游戏渐渐衰落，熊猫桌游 550 平方米的旗舰店就面临极大的生存压力。同时，玩家在看到熊猫桌游爆火后，好几个萌生了自己开店的想法，并从我们的客群中拉人。在 2016 年以前我们还是小店的时候，我全然不会担心客户会被撬走。但是，2017 年大量新的玩家入局，他们跟我和熊猫桌游没有太深的情感连接，对于熊猫桌游的品牌认可度不是那么高，新开的桌游店通过价格因素就能把一些客户轻松撬走。终于在 2017 年底，迫于经营压力的熊猫桌游搬迁到商场另一处 300 平方米的场地。搬迁后在 2018 年初，熊猫桌游根据市场整体情况，将价格提升至 35 元/人，涨幅约为 16.7%。

35 元的价格参考了同期市场的同行水平，之前在太古里的一家门店收费是 38 元/人，JY 狼人杀俱乐部等更是实现了按小时收费。我们的收费标准领先于市场大部分店家，但不是最高的。进入 2014 年后，熊猫桌游就从之前相对单一的“狼人杀”店转型为比较专业的桌游店。2018 年，门店已经拥有超过 400 款不同款式的正版桌游，在与其他桌游店的竞争中，我们门店处于领先位置。绝大部分桌游客户会首选来熊猫桌游体验，因为在这里他们可以体验到最新的正版桌游。相较于市面上 95%的其他桌游店，熊猫桌游在桌游典藏数量方面遥遥领先，这给来店体验的客人提供了更多的选择空间。

这次的价格调整延续了以往每次涨价 5 元的惯例，让消费者在温和的价格调整中来适应。从最初的 12 元到现在的 35 元，最终接近两倍的价格涨幅，每次都是采取这种温和的模式。从之前客户主动说涨价到此时门店主动涨价，不同时期的价格变化都是门店为了生存而做出的选择。持经济学分析思路的学者认为，消费者为确保其产品的品质，愿意支付溢价，但溢价的支付不一定是企业影响的结果，而是消费者理性思考使然。[4] 也是从这时起，之前的核心客户开始流失，一方面，因为周边有很多低价的店，自然从价格上他们有更多的选择。另一方面，那群核心玩家已经在店里待了 4 年左右的时间，很多人开始结婚生子，留给他们的业余生活变少了。做大后的熊猫桌游很难像创业之初跟客户保持那么紧密的联系，正所谓小店靠人情，大店靠管理。此时的熊猫桌游在人情味上少了一些，但是在专业服务等方面更靠近纯粹的商业形态。

（三）第五次涨价

2019 年 1 月 21 日，熊猫桌游再次进行价格调整，门票价格升至 45 元/人，涨幅约为 28.5%。在此次价格调整之前，熊猫桌游提前一个月将价格变化的消息公布给所有玩家，同时公布了此次价格调整的原因：熊猫桌游逐步正规化，上涨的部分主要用于提高员工的薪资水平和改善员工的福利水平，同时用于每月更新店内的正版桌游数量。

熊猫桌游如公示所写，从 2019 年开始正式给所有的员工购买社会保险。社会保险的增加使人力成本大概上涨 25%，因此我们只能通过涨价来确保门店的正常运转。价格调整的公示出来后，部分会员开始过来咨询门店的员工福利待遇等，他们也是真的希望走上正规化的熊猫桌游能够留下优秀的桌游讲师，很多人都跟我们的店员建立了良好的关系。当他们得知我们是真的给店员购买了社会保险后也比较支持这一价格调整。并且在 2018 年后，公司不定期地参加 KS 众筹，玩家到店里不仅可以玩到之前的老游戏，还可以玩到价格不菲的大型美式桌游，当然也愿意为涨价买单。

从年度的收入来看，这次涨价比较成功，熊猫桌游 2019 年实现了 80 万元的销售额，达到了熊猫桌游历年收入的最高点。曾经有研究表明：传统上，人们认为低价是一种有效的竞争手段。然而，根据模型分析思路，对于后验产品，如果企业瞄准品质敏感型顾客，提供较高品质却不收取溢价，此时，可能并非明智之举，收取低价可能是自毁财路。[5] 2019 年价格变动公告如图 3 所示。

今年，在核心客户群的关怀下，在我们前期大量调研和慎重思考后，俱乐部决定于2019年1月21日将单次桌游价格调整为**45元/位**。上调了价格，代表我们对优质服务有了更高的追求。

本次调整价格出于如下原因：

1. 今年各种成本上涨尤其是国家的税收政策和社保政策，我们的经营成本大幅度上升。
2. 俱乐部每月大约购入10款最新正版游戏，持续上涨的成本压力让俱乐部深感压力。
3. 因为巨大的经营成本使得门店利润微薄，同时我们也希望给员工一个合理的工资待遇和福利条件，以留住我们优秀的员工伙伴。
4. 我们希望今后能够持续提高俱乐部服务品质和体验环境。

所以，俱乐部在收费后产生的利润主要用于如下用途：

1. 应对国家最新财税政策，对优秀员工进行奖励，提高员工福利待遇。
2. 引进更多新的正版桌面游戏。
3. 改善店内环境。
4. 举办更多的桌游活动。

图 3　2019 年价格变动公告

资料来源：FUNCLUB 公众号。

四、熊猫桌游涨价求生存

2020年，熊猫桌游客流量明显降低，门店经营困难，遭遇大幅度的亏损，年度销售额仅为42万元。

2022年暑假，这次不得不借暑假客流的小高峰来提高单价从而提高整体的营业收入。经过测算，也参考类似娱乐活动“剧本杀”等收费定价，熊猫桌游将体验价格提升至55元/人，涨幅约为22.2%。

第六次涨价直接涨价10元的原因是每次5元的温和式涨价已经引起客户的警觉，我们也预见在一定的时间内很难二次提价，所以干脆直接涨价10元，把价格一次调整到位，尽量减少客户对价格的敏感神经的波动。55元的价格依然领跑成都桌游市场，许多桌游店还依然停留在30~35元/人。此次价格上调对于诸多新客源来说还是稍显高了一些，新冠疫情后的客源显然没有恢复到以往的水平。

不过，将品牌价值转化为品牌溢价力，构成企业的核心竞争力，是世界一流企业的标志本领之一。[6] 熊猫桌游在成都桌游行业属于头部企业，众多的桌游数量和玩家基数构成了熊猫桌游在成都的品牌号召力，也是熊猫桌游历年多次价格上涨的现实根基。

五、总结

在熊猫桌游开业的十多年中，从最初的12元涨价至现在的55元，价格上涨了大约4.5倍，价格变动高于了同期的物价上涨指数，一方面是由于初期为了开拓市场自身定价较低，另一方面是由国内这些年房租价格的上涨带来的成本压力上涨所致。在桌游这种亚文化领域的小众业态，消费者对于价格的敏感性略微低于其他的主流商业品类。越是小众的产品消费者对于价格的敏感性就会越低。但是当一个业态做大之后，为了正规化就必须要提升销售价格来提升企业盈利水平，同时也是为了更好地提升服务水平和服务质量。

在熊猫桌游开店初期，基于良好的客户关系，在与客户共创共生的发展中，顾客主动让熊猫桌游涨价来维持门店的生存发展，以维持一个自己喜欢的社交娱乐圈子。他们在熊猫桌游获得的情感认同与社会认同让他们保持着一种主人翁似的朴素情感和责任感。这种共创共生的现象值得一家小店认真思考研究并加以效仿，让更有温度的赚钱成为小店的生存之道。

后面随着熊猫桌游成长为一家大型门店，在定价方面拥有了更多的独立思考，这时在定价等策略方面除了考虑客户情感外，更需要考虑的是门店的生存和盈利。企业产品溢价本身就是用更高的价格获得更多消费者的认可以维持企业的盈利，但是企业产品价格变动需要考虑消费者的情感认同及产品力的情况。熊猫桌游在后期每次溢价均会提供对应的服务水平，诸如高薪留下优秀的桌游讲师，或者对门店进行一些简单的改造。

桌游终归是一门商业，因此终究会回到正常的商业轨道上来，毕竟消费者对于价格是敏感的。

参考文献

［1］陈茜．新零售背景下体验营销对消费者购买意愿的影响［J］．智库时代，2019（24）：250-251.

［2］王娟，曹树金，姜灵敏，等．兴趣社交网站中意见领袖识别的研究——以“点点网”为例［J］．图书情报工作，2013，57（14）：97-104+22.

［3］范远茹．品牌溢价影响因素研究综述［J］．中国集体经济，2022（23）：57-59.

［4］雷奥・A R，门罗肯特・B. 溢价的成因与后果［J］．商业杂志，1996（4）：511-535.

［5］符国群．产品溢价的经济学解释［J］．当代经济学，1999（3）：80-84.

［6］任路生．有效提升北大荒品牌溢价力的三条基本策略［J］．农场经济管理，2023（3）：13-14.

Co-create Symbiosis with Consumers

—History of Price Changes in Panda Board Games

Hong Zhang

Abstract: Entertainment is the eternal leisure theme of human beings, and the leisure time brought by the improvement of productivity is the fundamental premise of human leisure and entertainment. Although China began to have the beginning of board games such as Liubo Chess during the Warring States period, the board games in this article are mainly turn to modern board games originating from Europe and the United States. Once board games entered China, they were loved by many young people, and the author has been in the industry for 13 years and witnessed the origin and development of this industry. At the same time, from a board game club that has been operating for 13 years, we will review the price change history of panda board games, so that readers can get a glimpse of the charm of board games and the vigorous development trend in China, and also understand the practical operation of co-creation and symbiosis of niche hobbies in the subcultural circle through this case. Co-creation is a kind of value co-creation behavior of player customer groups, and the value co-creation between panda board games and store customers is the focus of this study.

Key words: Board games; Co-creation; Price

能源行业数智化科技领域的先行探索

◎ 徐光平*

摘要： 本文通过对自己成长经历的介绍，结合中国改革开放发展战略，介绍如何结合自身的技术特长，“下海”经营公司，为中国工业企业的高质量发展做出贡献。同时，结合自己的工作过程，与已经创业成功或者正在创业路上的企业家探讨在公司经营过程中的一些定位和战略思考，为实现中华民族的伟大复兴添砖加瓦。

关键词： 能源行业；数智化；探索者

2023年是改革开放45周年，也是我国政府提倡经济从数量型向质量型转变的关键一年。如何依托工业互联网、云计算、数字平台、机器人和算法分析的人工智能技术，为我国能源行业的数智化转型起到推动作用，从而改变企业的运营方式，为用户创造更多价值？本人结合自己在能源行业数智化科技领域的一些亲身经历，以及北京中安吉泰科技有限公司的发展历程，对中国能源数智化技术发展提出一些自己的见解，同时对公司的经营和管理做出一些思考，希望对朋友们有一些借鉴和鼓励作用。

一、创业前

首先介绍一下我自己。1990年武汉水利电力大学毕业后，我先是被分配到

* 徐光平，北京中安吉泰科技有限公司董事长，长江商学院工商管理硕士，主要从事机器人技术研发。

原电力工业部华北电力设计院工作。1991 年我被派到改革最前沿的深圳工作至 1994 年，参与了深圳月亮湾电厂和深圳妈湾电厂的设计与现场服务工作，同时也参与了深圳特区能源场站如火力发电厂、天然气接收站、电力线路和变电站等重要能源基础设施的选址工作。那段时间是深圳波澜壮阔的大发展时期，我目睹了包括深圳股票交易所的成立、邓小平同志的南方谈话等重大事件，对中国的改革开放政策有了很透彻的理解，这也是我后来立志要做一个时代弄潮儿的原因。

当时，因为深圳缺电严重，所以深圳市政府成立深圳能源集团公司，着力解决能源供应紧张问题。那时深圳能源集团公司刚组建，急需人才，我可以留下来继续为深圳能源工业服务，但是因为我工作出色，设计院不愿意放我走，于是在 1995 年我回到北京，被提拔为原电力部六大电力设计院最年轻的科级干部，后又被任命为副主任。但后来经反复权衡，我于 1996 年毅然“下海”，先是去一家美国公司工作了近三年，主要从事电力行业环保新产品的市场开发工作，积累了不少客户资源，也积累了不少市场销售经验，这为后来开办自己的第一家公司打下了坚实的基础；1999 年去加拿大学习与生活了三年，2002 年底回国决定创业。[1]

二、第一次创业

那时我刚回国，创办了一家名为北京中电加美环保科技有限公司的小公司。别看公司小，却拥有我从美国带回来的当时最先进的高温凝结水精处理回收技术和从加拿大带回来的最先进的污水回用技术。那时的我，作为立志为中国环保事业奋斗的年轻人，简直就是一个“空中飞人”，提着一台那时不多见的手提电脑，挎包里装满产品的资料图片说明，不论是在繁华的都市还是偏僻的山区，只要客户需要，都有我当时还颇为瘦弱的身影。从那时起，我开始从事水处理、废水处理及节水零排放等环保先进技术的引进、消化、推广工作。我深知，环保工程利国利民、千秋万代，但在中国有些环保高新技术刚刚起步，虽有着光辉灿烂的远景，但又需要大批有志于此的人默默奉献，我愿意做这样一块铺路石。

“过去，工业企业总是在寻求好的污染少的水源，甚至大量开采十分珍贵的地下水，经传统工艺处理后达到工业用水要求。这既浪费又污染。”这是我时常对媒体朋友说的话。

我那时看到，随着人们环保意识的增强，节约用水、增加排放的废水再利用等节水措施被提上日程。为解决水危机，做到工业企业自身水系统的排放再生回用和尽量使用大量市政废水深度处理后的水，是解决当前水危机的一种很重要方法。而现实是，对于市政废水、循环水冷却塔排污水及污染严重的地表水，由于含盐量高、成分复杂，用传统方法很难处理，从而使其白白地被排放而浪费。

随着国家环保执法的加强、取水费的提高，这些企业开始计算水的成本，从而开始逐步考虑回收自身排放水。许多石化公司和火力发电厂等工业企业就开始论证排放废水回收处理工艺系统的可行性，这是一个可喜的变化。随着先进的环保技术公司的市场运作和技术保证，这种节水意识和实施将逐步纳入企业自身的战略决策中。成熟而稳定的污水深度处理系统必将使企业处理排放废水的费用比用干净而不可再生的水资源要少很多，让企业尝到甜头。[2] 这是利国利企又利民的大好事。

目前在世界范围内，主要是污水石灰处理和生物膜超滤反渗透两种技术处理城市污水经二级市政处理后的深度处理，或工业企业自身的排放水的再生处理。[3] 处理后的水用作工业工艺系统的补给水，或者回收利用作为循环水系统的补水或者锅炉的补水。这两种技术还可以用于处理污染比较严重的地表水作为工艺用水。采用环保绿色的水处理新技术取代传统的高水耗而牺牲环保的传统技术有着十分深远的意义。同时，污水再生与回用处理技术是一种非常先进的物理方法，比传统的以化学方法为主的技术有较大的进步，有无酸碱再生废水、节省占地等优点。同时，这些技术可以大量应用于市政二级排放水的深度处理、循环排污水的回收处理等节水系统。[4] 对缺水地区而言，无疑是一种福音，可以有效缓解水危机对这些地区工业经济发展的限制。

当然，这种新产品对国有利但对公司经营是存在风险的，但是任何新产品、新技术形成成熟稳定市场都具有一定的风险。这种风险不应该是技术风险、市场风险，因为这两种风险会被技术的可靠性和庞大现实的市场所化解。唯一有风险的是产业风险即国家是否有一套切实可行的、持续稳定的扶持环保高科技的优惠和鼓励政策，以及国家是否能真正落实科学发展观，不要走西方国家过去所走的先污染后治理的老路。

因此，多年来我一直从事引进国外先进中水和污水技术的工作，组织国内专家和技术人员进行消化吸收，使其技术水平建立在可靠的高起点上，无论产品质量还是技术性都能保证一流。由于立足国内，价格具有竞争性。到目前为止，公司已经为国内数百家火（核）力大型发电厂、石化公司、煤炭等企业提供过水处理和废水处理工艺和装备，同时公司为亚洲、非洲、欧洲、美洲超过 20 个国家提供了不同的环保设施，为中国的环保公司走出国门做出了应有的贡献。

公司从一开始就是按照上市要求做规划的，准备在公司成立第十个年头走向资本市场。由于当时的宏观政策和上市条件等约束，没有走独立上市的道路，而是直接与上市公司隆华科技集团做了并购重组。在对赌完成后，我又一次辞职下海。

三、第二次创业

再次下海后，我一直在思考、探索。我看到，四十年来，中国经济实现了跨越式发展，已经成为世界第二大经济体。但是一些事件深深地刺激了我，让我感受到必须切实采用可行的高新技术，对中国产业进行转型升级，才是中国经济走强的必由之路。

纵观世界，2012 年美国提出《先进制造业战略计划》，试图重整制造业，如美国 GE 公司推进软件+智能装备+工业大数据+用户体验等核心内容。德国 2013 年大力推进工业 4.0 的发展战略，如西门子公司推广用数字化技术贯穿整个生产业务流，使数据经过人工智能处理后可以“自己说话”。德国博世工厂实现全工厂智能化，在生产规模不变、人员减少一半的情况下，生产能力却提高了四倍。[5] 为适应发展，我国政府提出了“互联网+”推动企业转型升级，将数字化和智能化生产与制造列为制造业强国战略的第一主题。在能源技术革命中，我国提出大力开展数字化能源科技创新，推动能源科技革命，把能源技术及其关联产业培育成带动我国产业升级的新增长点。

于是，我把目光和精力转向人工智能和数字化产品研究和开发，2015 年成立由我担任首席执行官的北京中安吉泰科技有限公司。这个公司是一家集科研、设计、咨询、维修、销售于一体的高新技术企业，主要从事能源行业智能特种机器人、智能装备与检测设备制造、超智能化电厂建设及机电化工产品与技术等业务，其主要业务涉及电网、核电、火电、风电、水电、石油化工、煤炭等多个领域。公司自成立以来，已取得52项专利、49项软件著作权，制定了四项国家行业标准，公司四项高科技产品获得省部级奖。公司是国网、南网、国家能源、华能、华电、大唐、国家电投、中核、中广核、三峡、华润、国投、中煤、广东能源、浙江能源等大型央企、国企能源企业的合格供应商。

2015年，国家发展改革委、国家能源局发布《关于促进智能电网发展的指导意见》，短短几年时间，智能电网在我国发展迅速。其中，智能巡检作为智能电网建设的关键一环，迎来了发展的春天。2017年，国家能源局发布《关于发电企业智能化建设的指导意见》，发电侧对机器人和智能化产品的需求迅速推广开来。北京中安吉泰科技有限公司针对火力及核电站推出一款智能巡检机器人。公司先后与德国、瑞典、意大利、美国的一些公司展开全方位战略合作，全面实现核心技术原装进口、中安吉泰国内集成，为中国工业客户提供先进优质的服务。经过公司几年的集中攻关，目前核心技术已经全面国产化。公司不仅与各科研单位、设计院等保持交流合作，同时与武汉大学、华北电力大学、北京化工大学、北京邮电大学等高等院校合作，共同参与项目研发，促进我国人才培养及科技创新。

公司和有关单位研发制造发电机检测机器人，目标是将先进技术应用于国内发电机状态检测，改变国内发电厂发电机组由于先进检测手段应用缺失造成的盲目检修（过修、欠修等）现状，推进发电机检修由计划检修变为状态检修，大幅提高检、维修效率和大幅降低费用。

公司设计出凝汽器自动清洗机器人系列，原理是在每个凝汽器水室安装机器人，机器人通过不同的方位移动，精确定位被清洗管口，可以将凝汽器管板上的冷却管覆盖到92%以上，并且管口定位精度可达到0.5mm；清洗软管自动进入冷却管，采用高压水射流清洗，清洗污垢率可达到90%以上，与传统停机大修期间人工冲洗的效果一致；可以不停机在线随时清洗。[6]

“这样做的好处是安全高效，提高机组热效率，增加发电量；按照国家发改委、环保部政策，节煤量可以作为新建机组的替代用煤量；无须机组停机或降负荷进行清洗，减少停机或降负荷损失；经常清洗，冷却管不结垢，减少腐蚀，延长冷却管寿命。”我经常指着众多智能机器人样机对客户这样介绍。

公司开发的锅炉爬壁机器人填补了国内空白，是目前国际最先进的特种机器人产品，并在十多家电厂得以应用。实践证明，该产品可以大大提高锅炉检修效率，节省人工，防止了高空作业风险。首先，不必搭近百米高的炉膛脚手架，检修人员无须登高作业，防止了坠落风险；其次，变抽检为普检，积累的数据对锅炉四管健康情况做出预测性维护，大大提高了锅炉的运行水平；最后，大大压缩了检修时间，提高了发电量，提高了电厂收益。通过这个产品的使用，可以大大实现减员增效，同时解决安全隐患等痛点问题。

公司开发的风电机器人产品对风电塔筒、叶片及机舱进行检测，对风电机组的运行状态做出预测性诊断，并建立风电智能运维平台，大大提高了风电的运行效率，减少了人工检修作业的风险。这是国内率先实现的技术产品，目前从国内各发电集团的应用情况来看，效果显著。

公司的大数据平台及人工智能技术在数个发电集团侧得以应用，同时也在数个发电厂侧得以成功应用，开启了智能化在发电集团的应用先河。例如，公司为国华电力公司建立的智能化大数据平台于 2019 年 11 月被工业和信息化部评为示范案例。

由此可见，随着工业领域加快实施智能化建设，人工智能和数字化技术的应用将大大提高能源行业的建设、运行和管理水平，为我国能源企业减员增效、节能环保做出卓越贡献。[7]

四、体会与思考

我必须说，我是一个不安于现状的人，总想超越每个阶段的自己，这是我当初下决心“下海”的动力与源泉。实现每个目标后，总想着下一个更好的目标，所以总想着跨越，总觉得自己的能量超出我的想象，这是我在第一次创业成功后，第二次不辞劳苦、自讨苦吃地进行第二次创业的原因。

创业本身是一项九死一生的工作，非一般人所能够承受。人们看到有几千家上市公司，很辉煌、很成功，但是很少有人看到无数的企业在艰辛探索与苦苦挣扎，为生存而奋斗。

创业一定要做好心理准备，一是要随时经历各种磨炼，要像当年玄奘法师一样有向死而生的勇气，要吃得进任何的苦，要经受住各种打击和考验。二是要不断学习，提高自己的市场销售能力、人力资源管理能力、战略规划能力、经营管理能力，只有这样才能防范各种风险，提高工作效率。在经营公司的同时，我曾去美国、德国、日本、法国、英国、意大利、澳大利亚、韩国、瑞士等国家参加了许多短期培训课程，课程也是主要围绕公司经营管理的方方面面。另外，我系统读了长江商学院的工商管理硕士课程，获得硕士学位。我也获得了中国社会科学院的金融学博士学位，对金融和资本市场有了深入的了解。三是要合法合规去运营公司，任何的瑕疵都可能带来致命的损失。当时，我们环保公司由于注册资金有 60%是无形资产出资，虽然国家科技部和中关村园区鼓励这样做，但是国家证监会不认可，结果我们减资又增资耽误了半年时间，失去了最好的申报时间，最后不得不放弃独立上市的规划。四是要坚持去做。无论出现任何困难，都要勇敢地去面对，要发挥自己的能动性去解决各种问题。树立必胜的信念，坚持下去，一个创业者成功挺难，但坚持下去没有不成功的道理。

在公司经营的同时，我经常参加体育锻炼，如跑马拉松。我已经完成超过 90 个全程马拉松，包括东京、柏林、伦敦、纽约、芝加哥和波士顿世界六大满贯赛事，是中国完成这个赛事的前 30 人。一个好的创业者，要有健康的体魄，这是必要条件，因为只有这样才能应付各种挑战。我同时也积极参与一些公益活动。例如，我通过公司在武汉大学和华北电力大学设立奖学金和助学金，奖励学习先进的学生、资助贫困的学生，这个活动已经开展超过十五年。公司与四川大学创意管理研究所设立泸定桥少年中国创意奖励金，推动民族地区小学生的创意能力提升。

我发表的论文超过 50 篇，主编、参编著作五部。也积极参与各种技术型组织，担任一些社会职务。例如，我是国际水协会理事、中国脱盐协会理事、科技部中国生产力促进会理事、中国国际创意学会副会长、武汉大学水利电力分会副会长、长江商学院美西校友会副会长、长江商学院金融学会副会长、长江商学院智能制造常务副会长，是华北电力大学特聘社会导师、长江商学院 MBA 社会导师。通过这些社会团体，能够增加自己的视野，也能收获不少能量。

简单罗列自己的经历与体会，希望对朋友们有些帮助。个人的成长与国家发展大势是分不开的，只有紧跟国家战略，才能抓住发展中的各种机会；只有不断学习才能把自己掌握的技术产品推广应用到国家重点工程中，真正为国家高质量、高水平发展贡献力量。

参考文献

［1］王芳，李刚．一切事情从我做起——记北京中电加美环境工程技术有限公司创始人徐光平［J］．经济，2012（3）：172-175.

［2］曾平．让祖国天更蓝水更清［N］．中国改革报，2005-01-10.

［3］徐光平，李竹梅，王建强，等．膜蒸馏技术在电厂脱硫废水处理领域的中试应用［J］．广东化工，2018，45（5）：184-186.

［4］谢长血，徐光平，樊少斌，等．城市再生水在电厂循环冷却水系统中的应用［J］．电力建设，2010，31（6）：98-102.

［5］冯冰，徐光平．人工智能导论［M］．成都：电子科技大学出版社，2021.

［6］冯冰．机器人控制原理［M］．北京：人民邮电出版社，2022.

［7］徐光平．人工智能化数字化助推能源领域供给侧改革［N］．中国改革报，2018-10-09.

The Pioneer Exploration of the Digital Intelligence Field of the Energy Industry

Guangping Xu

Abstract: This article introduces one's own growth experience, combined with China's reform and opening up development strategy, and how to combine one's technical expertise to operate a company from within the system, making contributions to the high-quality development of China's industrial enterprises. At the same time, based on one's own work process, discuss with entrepreneurs who have already started a successful business or are on the path of entrepreneurship some positioning and strategic thinking in the company's business process, in order to contribute to the great rejuvenation of the Chinese nation.

Key words: Energy industry; Digital intelligence; Pioneer

创意管理笔谈

Creative Management Writing

海内存知己，山水有相逢*

◎ 张庭庭**

《创意管理，十年为歌》是四川大学创意管理研究所所长杨永忠近日发表的一篇文章。文章开头提到他和我因一个共同关键词结缘且惺惺相惜的一段经历。

2014 年，成都设计周首次举办，在论坛上与杨永忠所长初遇，交换名片时非常惊讶，原来他开创了国内第一家创意管理研究所，而我在中国台湾创办了甦活创意管理顾问公司，当时两岸以“创意管理”为名的机构与企业可是凤毛麟角。在那次论坛上，我的演讲在他之前，因为时间很短，准备的几个实战案例没法讲完，当时他立即开口，主动把宝贵的讲演时间让给我，他那种发自内心的谦逊与真诚让我对他印象深刻，从此我们成为好友。

“创意”归右脑，“管理”属左脑，本是两条并行线。当年我在中国台湾开先河，以“创意管理顾问公司”为事业定调，便是期许自己与团队能够左右开弓，感性与理性兼融。我年轻时自诩满腔文艺，既醉心于传统诗词歌赋，又钟情于西方文学与艺术，本该发展右脑人生，却在工作多年后对商业运营产生兴趣，于是赴美攻读 MBA。学成几年后自行创业，并于 2000 年展开亟须左脑思维的顾问生涯。杨永忠所长在学术领域耕耘十年，我则在二十年企业辅导实战中琢磨、自创出人文品牌心法。相对于一般商业品牌，以下是我对人文品牌所下的批注：

“人文品牌就是：

凝敛舍我其谁的情怀，诚于中形于外；

---

* 【编者按】历经十年，中国创意管理学从无到有，是在许多人的共同努力、共同见证下创立的。本期开始，特别邀请部分嘉宾分享其经历、抒发其志趣，启迪我们不断努力，继往开来。

** 张庭庭，两岸人文品牌大师，人文品牌心法创始人。

让顾客因你而感觉自己存在，
所以愿意用荷包为你喝彩！”

一、何谓人文品牌？

我与团队试着领会其心、勾出其魂、捕捉其神，再从古圣先贤的智慧中汲取相映生辉的养分，与企业共同创作，生出足以匹配品牌灵魂的饱满身型，以及能够获利的商业模式。从新创的小微企业到转型重生的中小企业、文创品牌、老店、老商圈与老社区、文旅景点……对于策略、定位、命名、故事、文案、设计、展布、网络、媒体、活动、内训……品牌经营诸多环节无役不与、点滴累积，因此我精练出许多以小博大的江湖智能，并陆续将其整理成一套系统性操作准则，以创意管理的手法，引领如何打造各行各业各领域之人文品牌。

人文品牌心法的主要核心是跨域融合的品牌拼图（商文艺 E 四重奏）和环环相扣的创意工程（人文品牌三部曲）。对于前者，“商”指的是商业模式、消费洞察、策略定位等布局擘画；“文”指的是文化意涵、人文素养、故事文字；“艺”指的是美学工艺、产品设计，以及 CI、包装、文宣、空间展列等商业设计；“E”则是网络应用、移动互联与社群营销等新兴科技媒体与工具。“商文艺 E”不仅是跨界融合的架构参考，还蕴含着跨时间、跨地域、跨人群的创意整合：琢磨当下，同时布局未来；筹谋此处，同时设想他方；顾及这群人，同时关照那些人。亦即破除多重单一视角与碎片式思考，跨界共振、全局思维，让品牌 DNA 在每个环节一以贯之。

在中国台湾，除了私人企业委托，我们团队的业务有大半来自公共部门的项目委办执行。在一定期限内完成大量企业或店家的辅导改造，并且展现成果绩效便成了我们的工作日常，因此得以不断锻炼强化出人文品牌的“专业肌肉”。2012 年，事业行脚首次西进，带着初见长江的激动，我在重庆开启了第一个大陆品牌辅导与文创策划项目，之后转战西安，接着在成都张开双手，政府、高校、社会纷纷邀请去做各种讲座、培训、辅导。

近十年来为项目万里行走中华大地，爬过华山、秦岭、长白山、贡嘎山、雷公山，跨越过长江、黄河、渭水、松花江、珠江，原先只能在古书诗文、武侠小说、地理课本中揣想的故国山川，一一明媚于眼前，还有一地一样的风土人情，那些是最直接纯冽的文化滋养，不只厚实了当地项目的文创风采，更是日后构思各种文案与设计的创意源泉。

二、东张西扬，山水相逢

我去过西安、北京、上海、深圳、杭州、澳门等大城市，累积了中国内陆一个个相关实战案例，成都是我去得最频繁的城市，陆续参与了传产转型、文创园区、旅游古镇、社区品牌等项目策划建设，经常晓看红湿处，盖碗茉莉花茶中领略花重锦官城。于是跟落脚成都的杨永忠所长有许多切磋机会，他总是一眼能瞧出案例中的精妙，做出传神总结。

杨永忠所长虽是学者，但志向高手脚勤，深具实操意识，多年来都有为创意管理领域开疆辟土的热忱，令人动容。创意管理知识领域包罗万象，他集结各方，陆续创立了《创意管理评论》学术集刊，发起中国创意管理论坛，推动创意管理为一方之学。为报其慧眼赏识，不管是邀稿、演讲还是活动参与，只要他振臂一呼，我定当追随配合。2019 年底杨永忠所长与清华大学出版社达成战略合作，通过专委会组织运作，共同签署了国际创意管理前沿系列教材出版协议，我的《人文品牌创意管理》一书有幸于 2020 年通过该出版社审核，列为首批出版教材之一。同年年底，我意外接到北京中安吉泰中国创意管理学奖得奖通知，原来又是杨永忠所长热心举荐，让我有幸与清华大学跨学科文化战略熊澄宇教授共同获得“创意管理学杰出华人奖”，并于 2023 年 1 月通过视讯仪式隔海领奖致辞。

杨永忠所长以十年高歌谋一局大略，我花二十年磨一方小剑。四川与台湾一西一东，原本一个在西边发“扬”，一个在东边“张”罗，七年前两艘创意管理之舟交会于川地，只因杨永忠所长念兹在兹的见识与坚持，让众多精英相偕砥砺前行，如今轻舟百千艘已过万重山。

得众有识之士同心共力，相信中国创意管理的专业，无论在学术层面还是在实务层面都能迈向巅峰，遍地开花。身为其中一员，人文品牌为体，创意管理为用，深深庆幸“海内存知己，山水有相逢”。

中国创意管理论坛二三事

◎ 高长春*

我在大学时读的是历史，也就是在那时接触到经济学，奇妙的经济学深深地吸引了我。“我酷爱经济学”，就是这样的一个信念，支撑着我一直自学。在当时，几乎把图书馆全部的经济学著作都研读过。毕业后经历过不同的工作环境，换过不同的工作岗位，但不变的是对经济学的“酷爱”和持续学习。终于经过长时间的积累和准备，坚定地追逐理想的我，顺利考取了哈尔滨工业大学的经济学研究生。

拿到经济学硕士学位后，我又一鼓作气攻读了经济学博士学位。随后的几年，我在哈尔滨工业大学任教。经济学的研究需要“土壤”，最终我选择了“远方”。于是在2004年，我离开了东北，来到了经济更为活跃的上海，在东华大学延续着我的经济学探索之路。

在融入上海这座经济之都、时尚之都后，我通过大量的调研，结合上海城市定位、发展方向，在东华大学纺织服装与时尚设计等特色专业领域，开展了大量关于创意产业领域的研究。在这一研究领域，我取得了丰硕的研究成果，目前在该领域发表学术论文百余篇，出版系列专著12部，主持省部级以上项目23项、横向项目40多项、社会服务中的重点规划类项目10余项。作为总主编，在经济管理出版社出版《时尚创意经济》系列专著十余部。

2015年，“上海市人民政府决策咨询服务基地——城市创意经济与创新服务

* 高长春，东华大学时尚与创意产业研究中心主任，海派时尚设计与价值创造协同创新中心首席专家。

智库基地”落地东华大学，由我担任基地主任。“城市创意研究基地”是上海市人民政府发展研究中心的决策咨询基地，由上海市人民政府发展研究中心与东华大学合作共建，该基地围绕城市创意经济的社会重大需求进行协同研究。

也正是由于自己对创意产业的热爱，在我得知四川大学杨永忠教授希望成立创意管理联盟之事后，对此，我表示出极大的兴趣，并对此表示极力支持。2017年，我出席了第一届中国创意管理成都论坛，发表了题为《时尚创意管理的六个新思维》的演讲，并见证了中国创意管理成都联盟的成立。2018 年 11 月 9 日，我参加了第二届中国创意管理论坛，围绕“城市创意产业集聚及组织创新研究”进行了主题演讲。2019 年，我得到东华大学与中国创意管理成都联盟两大主办单位的支持，组织了第三届中国创意管理高峰论坛相关筹备活动。

作为中国创意产业领域的重要盛会，第三届中国创意管理高峰论坛以“创意中国：新时代、新思维、新发展”为主题，从多维度聚焦创意产业流行趋势，探析创意产业跨界可能，进一步向人工智能、区块链、物联网等核心热点问题延展，为促进创意产业与科技、文化深度融合，推动区域一体化建设，赋能加权。

本次大会得到了东华大学的大力支持，学校校长、中国工程院院士俞建勇亲临会场，并致开幕词。全国政协副主席周汉民先生在演讲中提到，创意产业和创意管理在中国的发展应坚守五条准则，即以人为本、科技创新、文化多元、合作共赢和面向未来。他表示，希望中国创意管理联盟能够充分利用这一平台，推动中国各地方的创意文化交流，努力促进创意产业蓬勃发展，走向世界。在峰会论坛演讲环节，故宫博物院副院长任万平先生、复旦大学东方管理研究院院长苏勇教授、上海世博会海宝吉祥物设计者巫永坚先生等 20 余位来自政、产、学、研，以及媒体、时尚行业专家，分别就“创新创意思维与战略发展”“创意管理与数字生活”“创意智慧重塑城市与乡村形象”“艺术视野与文化创意实践”“创意产业的融合创新”“县域文化产业发展和乡村文化振兴”等议题对创意产业进行了全方位、多角度的剖析与解读。

在助力创意产业、拥抱中国特色文化、传递海派时尚发展方面，大会特别联系了东华大学服装与艺术设计学院许旭兵教授，希望他能结合他的时尚设计理念，展现出海派时尚创意风采。论坛当晚，由他设计的“褶皱时尚与创意技术时装发布会”揭开帷幕，美轮美奂的时装走秀与上海独具特色的时尚气息融为一体，给与会嘉宾带来了一场视听盛宴。

作为第三届论坛的首席专家，我的体会是：学海无涯，只有勇于登高远望者才能寻找到自己要达到的目标，只有不畏怕孤独寂寞才能探索有成。

白衣苍狗，鸿爪雪泥

◎ 魏　超*

对于从 2017 年到 2019 年的前三届中国创意管理论坛，四川省文化产业发展促进中心（四川省对外文化交流中心）是发起单位之一，并负责分论坛县域文化产业发展路径研讨会的组织工作，我有幸参与其中，并由此结识了很多创意管理领域的著名专家学者，感触颇多，受益良多。

中国创意管理论坛已进入第五届，遇五逢十是大日子，或开会庆祝，或集文总结，以承前启后、继往开来。四川大学杨永忠教授希望我也写一篇文章，分享参加论坛的收获心得。杨永忠教授是四川大学创意管理研究所所长，中国创意管理学的开拓者，也是中国创意管理论坛的发起人之一。受他抬爱，我还十分荣幸地被聘为创意管理研究所的合作导师。

距离 2017 年 11 月首届中国创意管理论坛已过去六年。即使距 2019 年 11 月第三届中国创意管理论坛只有四年，亦有恍若隔世之感。我努力回忆着论坛的点点滴滴，无意中翻开了朋友圈，虽只有几条简单的记录，却让一些人和事鲜活、清晰起来。这篇文章，就从“朋友圈里的中国创意管理论坛”说起吧。

“2017 年 11 月 23 日，我起了个大早。今天，是首届中国创意管理论坛开幕的日子。天蒙蒙亮，我驾车到了川大东门外。望着白天青春飞扬的川大校园，弥漫在锦江升腾的雾气中。想起过去两个月，我已记不清多少次走进它，走进杨永忠教授商学院大楼的办公室。心中顿起感慨，车停在路边，拍了张九眼桥涛声灯影的照片，配了首小诗《早》：若非行路早，怎知世间忙？孤鸿觅海粟，只灯点

* 魏超，四川省文产（交流）中心项目部主任，四川省文化艺术发展基金会秘书长。

穹苍。”

短短一天时间，既要召开主论坛，又要举办若干分论坛，工作紧张而忙碌。从早上八点嘉宾报到开始，以“文化走出去的创意与创新”为主题的首届中国创意管理论坛正式拉开大幕。杨永忠教授的博士生、硕士生团队，承担了大部分论坛服务工作，至今对汤韵嫣、张羽、宋小婷、刘双吉、杨镒民、钟琳玲、郝雪梅、于爱仙、陈播等同学印象深刻。甘肃来的访问学者岳志坤老师，也为论坛做了很多工作，并专门为论坛设计了 Logo。他现已在成都读博，因创意结缘，举家搬到四川生活。

主论坛上，我宣读了四川省杨兴平副省长发来的贺信。四川省文联主席、四川文化创意产业研究院院长郑晓幸作了《创新文化新供给，丰富文化新需求》的主旨演讲，全面阐释了文化产业的发展方向，并前瞻性地给出了若干对策措施。高长春、吴承忠、卢晓、毛道维、刘志迎、张耀辉、杜传忠、廖民生、廖志峰、许燎源、张庭庭、李宾、王开昕等知名专家、学者、企业家围绕文化“走出去”的战略创新、创意管理之道、传统师徒制的当代传承与创新等话题作了精彩的观点分享。

在分论坛之一“县域文化产业发展路径研讨会”上，四川省文产（交流）中心的专家团队和四川省约二十个县（市、区）的宣传部长、文旅局长们，针对县域文化产业发展作了深入探讨。印象最深的是闭幕式，结束了一天的会议，与会嘉宾都很放松，论坛的赞助单位之一泸州老窖公司，搞了个趣味抽奖环节，我运气不错，抽到了一小瓶 1573 和一只精致的生肖酒杯。当晚庆功宴气氛热烈，嘉宾频频举杯，沉醉在竹林掩映的美丽校园里，也沉醉在中国创意管理论坛成功举办的喜悦里。

翌日，虽无事，我依旧早早起床，走到红瓦宾馆一墙之隔的望江楼公园。晨光微亮，一个扫地僧形象的大爷正在清扫门前广场，想起他数年如一日的工作，顿感我们偶尔的辛苦不值一提。灯光衬着月色，鸟鸣伴着水声，一首小诗《望江楼》脱口而出：“月白天欲晓，竹深鸟希声。挥帚送流水，闲庭一扫翁。”这也算对首届中国创意论坛的总结吧！

2018 年 11 月，以“创意管理，生活之道”为主题的第二届中国创意管理论坛和第五届成都国际创意周合并举办。本届论坛，得到了成都市人民政府和四川大学的大力支持。论坛组委会邀请了中国文化产业研究中心主任、清华大学熊澄宇教授作了《改革开放与文化产业》的主旨演讲，熊澄宇教授的演说立足中国、放眼全球，旁征博引，深入浅出，指出未来文化产业将围绕内容引发社会需求、科技改变产品形态、资本影响市场规模、服务决定事业成败的模式深度融合发展，与会嘉宾很受启发。

来自复旦大学、南开大学、四川大学、山东大学、东华大学、中国台湾实践大学、许燎源现代设计艺术博物馆等高校、文化机构的专家学者作了精彩的演讲。本届论坛最大的亮点，是把会场放进了成都国际创意周的展馆，可以现场参观几百家文化企业的项目和产品，理论与实践相结合，寓教于乐。相比首届，第二届论坛规模更大，参会嘉宾更多，仅是四川省的嘉宾数量较首届就增加了一倍，约 60 人参加了县域文化产业发展路径研讨会。

经过两届的精心组织和广泛参与，中国创意管理论坛有了更高的知名度和影响力，许多高校、科研院所和文化机构都积极争取第三届论坛的举办权。中国创意管理联盟也希望把论坛开到全国甚至全球去，于是经联盟主席会议研究决定，第三届中国创意管理论坛落户上海东华大学。第二届闭幕式上，当傅兆勤主任把会旗交到东华大学中国城市创意研究院院长高长春教授的手里时，我的心已飞到了 2019 年，飞到了黄浦江畔。

一年后，经过近三个小时的飞行，飞机平稳降落在上海虹桥机场。因为要承担县域文化产业发展路径研讨会的保障工作，确保异地开会万无一失，在 2019 年第三届中国创意管理论坛开幕的前两天，我和两位同事就到了上海。花了一天时间，我们考察了在沪期间的所有活动场地，包括主论坛会场、分论坛会场、考察调研点等。夜幕降临，华灯初上，我和同事来到外滩，尽情感受魔都的魅力，望着对岸的陆家嘴，我深切感受到这是我们中华民族的伟大创意，是中国人民创造并呈现给世界的划时代创意。

主论坛在东华大学最大的学术厅举行，海内外学者齐聚一堂，气氛庄重而热烈。中国工程院院士、东华大学校长余建勇到会致欢迎词。上海市政协副主席、民建中央副主席周汉民作主旨演讲。他以亲身参与的上海世博会申办及筹备工作和长三角一体化高质量发展生态绿色示范区规划工作为案例，提出了创意产业和创意管理在中国的发展应坚守五条准则：以人为本、科技创新、文化多元、合作共赢、面向未来。上海财经大学常务副校长徐飞，故宫博物院副院长任万平，复旦大学东方管理研究院院长、企业管理系主任苏勇，上海财经大学长三角与长江经济带发展研究院院长张学良，东华大学中国城市创意研究院院长高长春，四川大学创意管理研究所所长杨永忠，华东师范大学城市与区域规划研究院曾刚，中国台湾实践大学管理学院创意产业博士班所长谢明宏，上海世博会吉祥物设计者、中国台湾设计大师巫永坚等20余位来自政、产、学、研相关领域的专家学者，分别围绕“创意中国：新时代、新思维、新发展”的论坛主题，就创意产业进行了全方位、多角度的剖析与解读，分享了对创意产业未来成长的思考与探索。组委会为了表彰部分专家学者对推动中国创意管理学的贡献，分别授予傅兆勤、杨永忠、高长春“创意管理杰出推动奖”荣誉。

下午，在东华大学安静的小会议室，召开了县域文化产业发展路径研讨会。四川30多个区县的宣传部、文旅局负责同志不远千里来参会，大家倍感亲切。符湘林、冯翔、李萌、李兆泉四位专家，分别以“现代公共文化建设创新思考”“文旅产业融合新思路”“乡村振兴的文商旅体农融合路径”“对发展四川文化产业的几点思考”为主题作了发言，将思想的碰撞带向高潮，同时也增强了现场的专题讨论效果，加深了代表们对于发展县域文化产业、振兴乡村文化产业的理解。伴随着中国创意管理论坛，研讨会也举办了三届。从第一届的发函邀请到第三届的踊跃报名，四川的县域文化产业，作为县域经济的重要组成部分，得到了蓬勃发展。这里面，有中国创意管理论坛的一份功劳！

会后，论坛暨研讨会成员奔赴浙江，参观了嘉兴南湖革命纪念馆，深入学习了中国近现代史，追溯了南湖红船精神的起源。考察了杭州、绍兴等多家文化企业和文化项目，并与浙江有关同志交流座谈后，我圆满完成了第三届中国创意管理论坛暨县域文化产业发展路径研讨会的会议考察学习任务，带着满满的收获回到四川，让创意管理之花开遍巴蜀大地！

受新冠疫情影响，原计划2020年在对外经济贸易大学召开的第四届中国创意管理论坛，延期至2021年7月举办。虽然受制于不利因素，规模有所缩小，但论坛的影响力丝毫不减前三届。我因工作原因，没能赴京参会，实在是一件憾事。作为论坛的主要参与者和见证者，唯愿中国创意管理论坛越办越好，2022年第五届论坛在三亚取得圆满成功。祝愿这一平台，能够推动中国创意管理学更进一步，促进中国创意产业蓬勃发展，走出国门，走向世界。

白衣苍狗，鸿爪雪泥。我参加的三届中国创意管理论坛，虽然已成往事，犹感就在昨天。时至今日，很多通过论坛结识的教授学者，也会经常出现在朋友圈，虽然很少打扰，却也默默关注，学习着他们的最新研究成果。这是论坛给予我一生的财富。

这就是我与三届中国创意管理论坛的故事，也是创意管理学对我的影响。它看似遥远，却又常伴身边，就像一个诗人，并非时刻都在写诗，但诗意却无时无刻不在心间。

创意管理评论 · 第9卷
CREATIVE MANAGEMENT REVIEW, Volume 9

雁过留声

The Lingering Sound of Geese

CREATIVE MANAGEMENT REVIEW

首期中国创意管理杰出嘉宾思懂会

图 1　创意管理教育国际示范基地揭牌

图 2　北京中安吉泰科技公司与川大创意管理研究所合作签约

图 3　雷家骕教授

图 4　金元浦教授

图 5　韩春佳教授

图 6　李伯一研究员

图 7　中国第一位创意管理博士林明华

图 8　徐光平董事长与杨永忠教授交流

图 9　中安吉泰杨嘉伟副总分享智能机器人创意与管理创新

图 10　首期思懂会杰出嘉宾合影